DES POLICES

D'ASSURANCES MARITIMES.

PARIS, IMPRIMERIE DE DECOURCHANT,
Rue d'Erfurth, n° 1, près de l'Abbaye.

DES POLICES
D'ASSURANCES MARITIMES,

OU

RENSEIGNEMENS

SUR LES CONDITIONS ET LES USAGES

DES DIVERSES PLACES COMMERÇANTES,

SUIVIS

DE TABLEAUX COMPARATIFS

DES RISQUES ASSURÉS SUR CHACUNE DE CES PLACES.

PAR J. VAUCHER,

ANCIEN ASSUREUR.

PARIS,

A LA LIBRAIRIE DU COMMERCE,

CHEZ RENARD, RUE SAINTE-ANNE, N° 71.

1830

PRÉFACE.

Le développement rapide qu'ont pris les transactions commerciales depuis quinze ans, a rapproché et presque lié l'une à l'autre les diverses branches du commerce et de l'industrie ; le fabricant de l'intérieur n'est plus étranger aux spéculations maritimes qui font arriver les matières premières et procurent les débouchés de ses produits ; le négociant des villes maritimes connaît de son côté tous les besoins des manufacturiers, et dans cette double circulation des richesses commerciales, l'assurance est de tous les auxiliaires le plus utile et le moins négligé ; mais quoique l'usage en soit général, on ne connaît pas assez les conditions différentes sous lesquelles ce contrat important est consenti dans les principales villes où il peut être exécuté : il manquait au commerce un ouvrage qui présentât la collection des polices d'assurances de toutes ces places, et c'est celui que j'offre aujourd'hui.

Le texte des polices étrangères à la France a été soigneusement traduit, et des notes fournies par des autorités dignes de confiance, ou puisées dans des ouvrages remarquables par leur exactitude, expliquent les difficultés qu'on peut rencontrer dans l'application des stipulations et donnent sur les cas douteux ou embarrassans la note des décisions qui font loi. Je me suis aussi attaché à faire connaître les usages locaux qui sont censés faire partie des contrats, et qui doivent d'autant plus fixer l'attention, que les imprimés de plusieurs polices d'assurances ne font pas mention de circonstances très-importantes, qui détruisent quelquefois les avantages que semblent présenter les conditions de ces mêmes polices ; et dans les États qui n'ont pas une jurisprudence établie en matière d'assurances, on comprend que ces usages ont d'autant plus force de loi.

Ces divers renseignemens indiqueront par conséquent au négociant de l'intérieur qui expédie ou qui attend des marchandises par mer, les conditions auxquelles il est assuré et les risques dont il est garanti; enfin, pour faciliter au négociant la recherche des conditions en usage qui lui offrent le plus d'avantages, j'ai fait suivre ce recueil, de tableaux comparatifs des principales stipulations des polices d'assurances de toutes les villes de commerce.

Quoique cet ouvrage soit destiné au commerce, je crois qu'il ne sera pas inutile à ceux qui s'adonnent à l'étude de la législation des assurances. Les similitudes comme les différences dans les conditions générales peuvent donner la solution de plus d'une difficulté, et mieux indiquer le véritable esprit d'un contrat dont il est si essentiel de connaître les principes; il présente donc un corps complet de documens nécessaires au commerce, que l'on ne pouvait se procurer que d'une manière très-imparfaite, sans compter les longueurs, les difficultés, l'incertitude des renseignemens, etc. Plusieurs négocians éclairés ont bien voulu m'aider dans les recherches et les démarches que j'ai dû faire pour atteindre le but que je m'étais proposé; ils ont pensé que mon idée était utile non-seulement sous les divers rapports que je viens de citer, mais en prouvant aussi que les conditions des polices d'assurances françaises sont dans plusieurs cas plus favorables aux assurés que les polices de l'étranger, et si le public reconnaît l'avantage de ce recueil, j'aurai obtenu le prix le plus flatteur de mon travail.

TABLE

DES POLICES D'ASSURANCES MARITIMES

CONTENUES DANS CE VOLUME.

DES POLICES

D'ASSURANCES MARITIMES.

ALEXANDRIE D'ÉGYPTE.

Alexandrie, le

Nous soussignés, administrateurs et directeurs de la Compagnie d'Assurance, déclarons et confessons avoir assuré et nous assurons, au nom et pour compte de la susdite Compagnie, à M. . . . . . et pour compte de. . . . . . la somme de. . . . . . sur le navire appelé . . . . . . avec pavillon . . . . . . commandé par le capitaine . . . . . ou tout autre pour lui, dans le voyage de . . . . . le voyage commençant de . . . . . . suivant les conditions ci-après, et moyennant la prime de . . . . . . pour cent, faisant en tout la somme de . . . . . . reçue en. . . . .

Le risque devra cesser sur les *corps*, *agrès* ou *apparaux*, vingt-quatre heures après que le navire sera ancré à bon sauvement, ou à la fin du temps convenu.

Le risque sur les *marchandises* cessera après leur entier déchargement et mise à terre; mais dans le cas où, par convenance ou par négligence, on retarderait de les faire débarquer, le risque finira quinze jours après l'arrivée du navire.

La Compagnie garantit toutes les pertes et tous les dommages qui pourront arriver aux objets assurés par cause de tempête, naufrage, échouement, abordage fortuit, pillage, arrêt par ordre de puissances, déclaration de guerre, représailles, et en général pour tous les autres événemens de mer.

Tout changement de route, de voyage ou de navire, tous les dommages et pertes provenant du fait de l'assuré, ne sont pas à la charge de la Compagnie, qui n'aura pas moins gagné la prime si elle a commencé à courir les risques.

Les détériorations, diminutions et pertes qui proviennent du vice propre de la chose, et les dommages occasionés par le fait et la faute des propriétaires, nolisataires ou chargeurs, ne sont pas à la charge de la Compagnie. Enfin elle ne garantit pas le coulage ou l'épanchement des liquides, le bris des choses fragiles, le mauvais arrimage, le manque de poids et quantité, les dommages provenant de maladie contagieuse, ainsi que ceux qui pourraient arriver aux marchandises sujettes, par leur nature ou détérioration particulière ou diminution, à éprouver un déficit sur l'indication à l'énonciation faite desdites marchandises.

La Compagnie n'est responsable des avaries particulières qu'au-dessus de dix pour cent sur les *grains, légumes, semences, farines, fruits, lins, natrons, peaux, plumes autres que celles à écrire, sur les sels, sel de nitre, salaisons, safranum, sur le corps*, etc.;

Au-dessus de cinq pour cent, sur les *cafés, drogueries, tabacs, sucres et riz;*

Au-dessus de trois pour cent sur toutes les autres espèces de marchandises;

Au-dessus de dix pour cent dans le cas de jet de *grains, légumes, riz, semences, et de toutes marchandises chargées à refus.*

La Compagnie ne rembourse les avaries générales qu'au-dessus de trois pour cent.

Elle ne rembourse aucune avarie sur les assurances portant sur l'argent à la grosse.

La Compagnie ne paie que l'excédant des susdites franchises, et dans le cas d'avaries particulières sur les marchandises non indiquées ci-dessus, les franchises seront établies comparativement avec celles auxquelles elles auront le plus de rapport.

Les avaries particulières et générales seront réglées séparément et à teneur du Code de commerce mentionné dans l'acte d'institution de la Compagnie, dont la présente police ne déroge point, quels que soient le lieu où le réglement sera fait, et l'autorité de qui il pourra émaner.

Dans le cas d'avarie particulière à la marchandise, la Compagnie n'est tenue à payer que la différence entre la valeur de la chose assurée, dans le lieu de sa destination si elle fût arrivée en bon état, et le prix auquel elle sera effectivement vendue après les formalités voulues.

Pour les avaries sur corps, agrès, apparaux du navire, on déduira le tiers sur le coût des objets remplacés, brisés ou détériorés, pour compenser la différence du vieux au neuf.

La Compagnie s'oblige à payer le dommage souffert jusqu'au montant de la présente assurance, suivant la teneur des conditions stipulées (en déduisant toute espèce d'avarie qui aurait déjà été compensée), et dans le terme de trois mois à courir du jour de la notification en règle de la perte justifiée. *faute de nouvelles.*

L'assuré est tenu de faire connaître dans le délai de trois jours au plus tous les accidens ou sinistres dont il sera avisé concernant le risque qu'il aura fait courir, avec une déclaration de toutes les assurances effectuées ou qui pourraient être effectuées par son ordre, et de toutes les hypothèques provenant de change maritime sur l'objet assuré.

Il suffit, pour donner lieu à l'abandon, que le dommage souffert s'élève à cinquante pour cent de la valeur de la chose assurée, et si, dans les six mois après le départ du navire, l'on n'a aucune nouvelle de lui, quand son voyage n'est pas au-delà du détroit de Gibraltar, et dans un an si le voyage a lieu au-delà du susdit détroit, l'assuré a encore la faculté de signifier l'abandon ; dans ce cas, la Compagnie s'oblige de payer dans trois mois la somme assurée, moyennant la renonciation, et sous caution à sa convenance, afin que le navire arrivant à bon sauvement à sa destination, la somme payée soit remboursée avec intérêts à raison de douze pour cent l'an pour tout le temps que la Compagnie restera en débours. L'abandon ne pourra plus avoir lieu après six mois, si le sinistre a lieu en dedans du détroit de Gibraltar, et après un an s'il a lieu hors du susdit détroit, à compter du jour où le sinistre aura été connu.

Dans tous les cas de sinistres, il est non-seulement permis, mais d'obligation pour l'assuré, ses commis, agens comme aussi pour le capitaine du navire, d'agir pour le bien de tous les objets assurés, et de coopérer à les retrouver, sans préjudice des intérêts des deux parties, la Compagnie promettant de rembourser les dépenses nécessaires, jusqu'à la concurrence de la valeur des objets recouvrés. *Obligations des assurés dans le cas de sinistres avec sauvetage.*

Si, pendant le cours du voyage, il survenait une déclaration de guerre, des hostilités ou une décision de princes, le risque restera à la charge de la Compagnie, mais il lui sera accordé une augmentation de prime qui sera fixée et réglée par des amis communs, et dans la proportion du risque que la Compagnie aura couru. *Déclaration de guerre.*

Dans le cas où, du consentement des parties ou par force, l'assurance sera ristournée, la Compagnie aura toujours gagné demi pour cent. *Ristournes.*

Toutes les conditions exprimées dans la présente police seront observées et maintenues par les parties contractantes avec bonne foi et honneur commercial , comme aussi toute réserve, dérogation ou changement qui se trouverait au bas de la présente, et finalement, outre les conditions ici contenues, les parties se soumettent aux conditions stipulées dans l'acte de l'institution de la Compagnie, duquel l'assuré se déclare pleinement informé.

NOTES.

Frais de police.   Les assurés paient un pour mille sur le capital assuré; c'est ce qu'on appelle le droit de registre.

Paiement des primes.   Les primes d'assurance se règlent en billets dont l'échéance varie suivant la longueur du voyage.

AMSTERDAM.

Nous soussignés, assureurs à M. . . . . . ou à tout autre à qui il appartiendra, en tout ou en partie, ami ou ennemi, savoir : chacun de nous pour la somme que nous avons souscrite de . . . . . . et de tous les lieux circonvoisins, jusqu'à . . . . . . sur . . . . . . navire, sous la garde de Dieu, appelé . . . . . commandé par le capitaine. . . . . . ou quelque autre capitaine qui pourrait partir à sa place, de quelque manière que pourra être écrit, orthographié ou épelé le nom du capitaine ou du navire, l'assuré n'étant pas tenu de nous en produire le certificat de visite.

Cette assurance a lieu sur. . . . . . à quoi nous consentons, franc de frais d'estaries et d'hivernage, et franc de dommages et d'avarie grosse de. . . .p. %.

Durée des risques et détail de tous ceux qui sont garantis.   Par ces présentes, nous prenons ce risque à notre charge, dès l'heure et le jour que les marchandises sus-mentionnées seront apportées au quai ou rivage, pour être embarquées de là dans le navire précité, ou dans des embarcations, barques ou alléges, pour être transportées par ceux-ci à bord dudit navire, et le susdit risque courra jusqu'au temps où le navire sera arrivé au lieu ou aux lieux comme ci-dessus, et que lesdites facultés débarquées, sans quelque dommage ou perte, seront transportées à terre librement et en paix dans le pouvoir de vous assuré ou de votre chargé de pouvoir, pourvu que le débarquement ait lieu quinze jours après l'arrivée du navire à sa destination, à moins que, par obstacle légitime, le débarquement ne puisse pas s'effectuer dans ce temps, ce qui devra être constaté, en cas d'accident ou de do mmage. Ledit navire pourra naviguer en avant, en arrière, tourner et retourner dans tous les sens, et, par nécessité, relâcher dans tels ports ou rades que le capitaine ou les capitaines jugeront convenables pour l'avantage ou l'avancement du susdit voyage, ou par nécessité. Ils pourront débarquer les susdites facultés et les recharger dans quelque autre navire ou navires, petits ou grands, ce qu'ils pourront faire de leur propre autorité et sans attendre notre consentement, nous laissant courir les risques comme si les marchandises n'avaient pas été débarquées. Le risque précité s'étend à tous les périls de mer, tempête, naufrage, échouement, choc, changement forcé de route, voyage ou bâtiment, jet à la mer, feu, vent, prise, pillage, arrestation par quelque puissance, déclaration de guerre, représailles, prévarication, négligence ou autres faits des capitaines et de l'équipage, la chose ayant lieu sans la coopération ou la connaissance de vous assuré, et toutes les autres chances de mer prévues ou non prévues, ordinaires ou extraordinaires sans exception.

En cas de pertes, elles seront payées par nous, chacun au prorata de la somme qu'il aura souscrite, et cela sans délai, dans les trois mois après l'exhibition des preuves nécessaires, et dans ce cas, nous vous donnons à vous assuré et à tous autres plein pouvoir de mettre en usage tous les moyens nécessaires, soit à notre avantage ou à notre désavantage, pour la conservation des intérêts assurés par la présente, de les faire vendre, s'il est nécessaire, et de distribuer l'argent sans avoir besoin de demander notre consentement ou notre autorisation, en nous prévenant toutefois convenablement, autant que les circonstances le permettront.

Les dommages occasionés et les frais en résultant seront payés par nous, quand bien même ces derniers auraient été faits avec ou sans succès, et nous ajouterons foi aux comptes dressés à cet égard, justifiés d'une manière convenable, et sur le serment de ceux qui les auront faits. L'article 348 du Code de commerce ne pourra pas être invoqué par nous contre les assurés, à moins que les arbitres nommés à cet effet puissent décider que dans certains cas, sur la bonne foi, et suivant l'usage d'ici, il y a des motifs d'après lesquels les dispositions de cet article devront être invoquées ; les intérêts assurés ne pourront dans ce cas nous être abandonnés, à moins que ceux-ci ne soient entièrement perdus, ou qu'il n'y ait plus d'espoir fondé de les retrouver, et alors même cet abandon ne pourra point nous être fait sans le consentement et l'assentiment des arbitres.

Nous renonçons de part et d'autre à l'article 346 du Code de commerce, et nous nous soumettons de chaque côté de nous en rapporter à deux arbitres pour toutes les questions et difficultés qui pourraient s'élever à cause de cette assurance. Ces deux arbitres, dont un sera nommé par les assurés, et l'autre par nous, auront la faculté de s'adjoindre un tiers-arbitre dont la nomination sera faite par nous dans les quinze jours que nous aurons été interpellés pour cela. La nomination de celui qui pourra rester ici en défaut sera déférée au tribunal de commerce. Nous consentons, sous réserve du droit de chacun à un appel supérieur, de nous en rapporter à la décision de ces arbitres, à moins que nous ne trouvions mutuellement convenable de nous en rapporter à des personnes choisies, pour le jugement entier et définitif.

Et ceci à bien, contre jouissance d'une prime de . . . . . . pour laquelle nous soussignés avons débité en compte courant M. . . . . . . et donnons aussi quittance par ceci à l'assuré.

Le tout sous obligation et engagement de nos personnes et de nos biens présens et à venir, renonçant, comme des gens d'honneur, à toutes discussions et exceptions qui pourraient contrarier le présent.

Ainsi fait sur la bonne foi et sur toutes bonnes ou mauvaises nouvelles, à Amsterdam, le. . . . . .

NOTES SUR LA PLACE D'AMSTERDAM.

Les avaries grosses ou communes et les avaries particulières se cumulent dans les comptes à charge des assureurs.

Lorsque les avaries particulières sur les marchandises proviennent seulement de frais ou de dépenses extraordinaires, et qu'elles s'élèvent à 3 p. 100, elles sont remboursées, quelles que soient les franchises d'avaries convenues. Ces avaries particulières, connues sous le nom de *schade*, ne doivent pas être confondues avec celles désignées par le mot *beschadigheid*, par lequel on entend le dommage, le dégât occasioné par l'eau de mer ou par toute autre cause physique, et qui doit atteindre la franchise d'avarie convenue, pour qu'il puisse y avoir lieu à remboursement de ce chef de la part des assureurs.

Il convient de faire observer ici que les assureurs d'Amsterdam ne sont pas guidés, pour les franchises d'avarie particulière, par les conditions imprimées dans leur police, et qu'ainsi ils ne peuvent avoir des quotités de franchises très-uniformes.

De cette diversité de manière d'agir, naît une grande difficulté de résumer en règles générales les conditions de franchises d'avarie auxquelles on assure à Amsterdam.

On peut faire la même observation à l'égard de la composition ordinaire des séries, qui varie, pour chaque objet, selon le navire, le voyage, etc.—Pour les risques de la Société de commerce des Pays-Bas, les séries sont fixées à environ 15,000 f., tandis que pour les voyages de Surinam Démérary, et Berbice, il n'y a presque jamais de division en séries, les objets assurés ne portant ordinairement qu'une seule et même marque sans numero, et les assureurs n'admettant jamais de division en séries faites d'après l'ordre du débarquement.

D'après cela il serait inutile de consacrer une colonne à la composition ordinaire des séries.

De même il n'aurait pas été à propos d'établir une colonne indiquant la manière de constater le dommage survenu aux objets assurés, puisqu'à Amsterdam cette manière ne varie jamais. Voici comment on y procède :

Lorsqu'au déchargement du navire on découvre de l'avarie à la marchandise, l'assuré en prévient les assureurs et la fait examiner par un courtier ; si celui-ci estime que le dommage pourra être réputé à charge des assureurs, ces derniers délèguent un courtier qu'ils adjoignent à celui de l'assuré pour expertiser le montant de l'avarie. Ces deux experts peuvent s'adjoindre un tiers-expert dans le cas de partage d'opinions. Les experts font le rapport de leurs opérations aux parties ; s'il en résulte que la quotité de franchise n'est pas atteinte, les assureurs sont libérés ; si l'expertise a le résultat contraire, les courtiers-experts s'occupent de la vente (soit publique, soit privée) des objets endommagés.

Si ces objets se vendent au même prix que s'ils étaient sains et intacts, les assureurs ne sont tenus à aucun paiement. Il n'y a à leur charge que la différence du prix de la vente des marchandises endommagées, à celui qu'on en obtiendrait si elles n'étaient pas avariées, ce dernier prix étant fixé soit par l'estimation des experts, soit par le résultat de la vente du restant de la cargaison non atteint d'avarie, s'il y a lieu.

Les assureurs paient toujours au courtier-expert qu'ils ont nommé les frais auxquels l'expertise a donné lieu, même lorsque l'avarie ne tombe pas à leur charge.

Naguère, lorsque les assureurs avaient à payer une perte qui dépassait 50 p. 100, ils en défalquaient toujours 2 p. 100 ; mais ils ont commencé, dans le courant de cette année, à déroger à cette ancienne habitude, qui bientôt sera probablement tout-à-fait abandonnée.

Le courtage d'assurance n'est payé que par l'assureur ; il est, selon le taux des primes, d'un quart ou d'un huitième par cent des sommes garanties.

CONDITIONS DE L'ASSURANCE DES DIVERS ARTICLES.

N. B. Les chiffres dont quelques objets assurés sont marqués, renvoient à la colonne d'observations.

La première colonne du tableau ci-après contient la liste alphabétique des objets qui se présentent le plus souvent à l'assurance à Amsterdam.

Les deuxième et troisième colonnes indiquent les degrés de franchise auxquels s'assurent le plus ordinairement les objets de la colonne précédente.

Les chiffres 3, 5 et 10 p. 100, signifient que l'avarie doit se monter à 3, 5, 10 p. 100 ou au-delà pour être à charge de l'assureur.

L'abréviation F⁻ d'avarie signifie que l'article dont il est question, est franc de tout dommage, en cas de bonne arrivée, et au-dessous de 50 p. 100 en cas d'échouement ou de naufrage.

OBJETS ASSURÉS.	QUOTITÉ de franchise d'avarie stipulée.		OBSERVATIONS.
	Ordinairement	Quelquefois.	
Acier en bottes...	3 p. °/₀.		(1) *Alizari*. Lorsque cet article se trouve à bord d'un bon navire, il arrive quelquefois, dans la belle saison, que des assureurs consentent, moyennant une certaine augmentation de prime, à l'assurer franc d'avarie, au-dessous de 3 p. °/₀.
Alizari (1)......	F⁻ d'avarie.	10 p. °/₀.	
Aloës..........	F⁻ d'avarie.	10 p. °/₀.	
Alquifoux......	3 p. °/₀.		
Alun..........	3 p. °/₀.		
Amandes en futailles......	F⁻ d'avarie.		
Amidon........	3 p. °/₀.		
Anchois........	F⁻ d'avarie.	10 p. °/°.	(2) *Bois*. Les bois de construction, quelque peu susceptibles qu'ils soient de s'avarier, ne trouvent pas facilement à s'assurer, à cause du peu de valeur d'un chargement de cette nature. Il est souvent arrivé que les frais de sauvetage, ou autres, se sont élevés à 30, 90 et 100 p. °/₀, et qu'ainsi l'assureur a dû payer une indemnité aussi forte que s'il y eût eu perte totale, tandis que les bois étaient arrivés intacts à destination.
Ancres........	3 p. °/₀.		
Anis..........	F⁻ d'avarie.	10 p. °/₀.	
Argent en lingots.	3 p. °/₀.		
Argenterie......	3 p. °/₀.		
Avanalédes......	F⁻ d'avarie.	10 p. °/₀.	
Barriques vides...	»		
Bassins de laiton ..	3 p. °/₀.		
Beurre..........	3 p. °/₀.		
Bijouterie.......	3 p. °/₀.		
Blé............	10 p. °/₀.		
Bois de teinture et de construc — tion (2)......	3 p. °/₀.		(3) *Cacao*. Lorsque la saison n'est pas favorable, et que le navire ne jouit pas d'une bonne réputation, on trouve difficilement à assurer le cacao autrement que franc d'avarie, s'il est destiné pour la Méditerranée.
Borax..........	3 p. °/₀.		
Bouchons.......	F⁻ d'avarie.		
Brai..........	3 p. °/₀.		
Cacao (3)........	10 p. °/₀.		
Café en balles, en sacs ou en gren.(4).	3 p. °/₀.		(4) *Café*. Depuis quelque temps tous les assureurs consentent à assurer les cafés venant des Indes orientales, francs d'avarie, au-dessous de 3 p. °/₀.
Camomille.......	F⁻ d'avarie.		
Cannelle en caisses ou en fardettes.	3 p. °/₀.		
Cartes à jouer....	F⁻ d'avarie.		
» géographiques.........	F⁻ d'avarie.		
Carton..........	10 p. °/₀.		(5) *Chanvre*. Cette marchandise, chargée à bord d'un navire français et destinée pour la France, trouve difficilement à s'assurer autrement que franche d'avarie.
Cassia — lignea en caisses.........	3 p. °/₀.		
Céruse..........	3 p. °/₀.		
Chandelles.......	3 p. °/₀.		
Chanvre (5)......	10 p. °/₀.		(6) *Chapeaux*. Les chapeaux de paille et ceux destinés aux nègres, s'assurent francs d'avarie.
Chapeaux (6)....	3 p. °/₀.		
Charbon de terre..	3 p. °/₀.		

OBJETS ASSURÉS.	QUOTITÉ de franchise d'avarie stipulée		OBSERVATIONS.
	Ordinairement	Quelquefois.	
Chaux éteinte....	Fᶜ d'avarie.		
Chemises........	3 p. °/₀.		
Chicorée en tonnes.	Fᶜ d'avarie.	10 p. °/₀.	(7) *Confitures*. Les confitures en bouteilles s'assurent franches d'avarie, au-dessous de 3 p. °/₀.
Ciment » »	3 p. °/₀.		Les écorces de fruits confites (en hollandais *sukade*) s'assurent quelquefois franches d'avarie,
Cire...........	3 p. °/₀.		au-dessous de 10 p. °/₀.
» à cacheter.....	3 p. °/₀.		
Cloches en métal..	3 p. °/₀.		
Clous de girofle...	3 p. °/₀.		
Cobalt en tonnes.	3 p. °/₀.		
Cochenille en barriques, en surons ou sacs........	3 p. °/₀.		(8) *Cordages*. Les cordages non goudronnés s'assurent francs d'avarie, au-dessous de 10 p. °/₀.
Colle en futailles ou en caisse....	Fᶜ d'avarie.	10 p. °/₀.	
Colle de poisson en futailles....	3 p. °/₀.		
Confitures (7).....	Fᶜ d'avarie.		(9) *Cotons*. Les cotons s'assurent assez généralement avec la franchise de 3 p. °/₀, lorsque le
Cordages (8).....	3 p. °/₀.		voyage n'est pas de longue durée et qu'on a confiance dans le navire.
Cordes de violon..	Fᶜ d'avarie.		
Corinthes en bottes...........	10 p. °/₀.		
Corinthes en barils ou barriques...	Fᶜ d'avarie.	10 p. °/₀.	
Cornes de bœufs..	10 p. °/₀.		(10) *Crins de cheval*. Venant de la Baltique, les crins de cheval s'assurent francs d'avarie,
Coton (9)........	10 p. °/₀.		au-dessous de 10 p. °/₀.
Couvertures de laine..........	Fᶜ d'avarie.	10 p. °/₀.	
Crins de cheval (10).......	Fᶜ d'avarie.		
Cuirs secs et peaux (11).....	10 p. °/₀.		(11) *Cuirs secs et peaux*. On assure les peaux de lièvres franches d'avarie, au-dessous de 3 p °/₀,
Cuirs secs tannés ou salés.......	3 p. °/₀.		lorsqu'elles sont en barriques et qu'elles viennent de la Baltique.
Cuivre (12).....	3 p. °/₀.		
Curcuma........	10 p. °/₀.		
Dames-jeannes...	3 p. °/₀.		
Douves de tonneaux	10 p. °/₀.		(12) *Cuivre*. S'assure ordinairement à raison de ²/₃ de la prime cotée.
Draps et autres étoffes de laine.	3 p. °/₀.		
Drogueries en général (13).....	Fᶜ d'avarie.	10 p. °/₀.	
Eau de Cologne en caisses........	3 p. °/₀:		(13) *Drogueries*. Celles dont on fait usage en médecine s'assurent franches d'avarie.
Ecailles de tortue.	3 p. °/₀.		
Ecorces de chêne.	10 p. °/₀.		
Epaulettes.......	3 p. °/₀.		
Eponges........	10 p. °/₀.		

OBJETS ASSURÉS.	QUOTITÉ de franchise d'avarie stipulée		OBSERVATIONS.
	Ordinairement	Quelquefois.	
Espèces monnayées (14)....	3 p. %.		(14) *Espèces monnayées.* On les assure à raison de $^3/_4$ de la prime des articles ordinaires.
Etain............	3 p. %.		
Eventails........	3 p. %.		(15) *Faïences.* Les faïences, les porcelaines et les verreries, s'assurent franches d'avarie, au-dessous de 3 p. %; mais le dommage ne se paie que dans le cas d'échouement et de naufrage.
Faïences (15)....	3 p. %.		
Farine en barils ou en sacs.....	10 p. %.		
Fer (16).........	3 p. %.		(16) *Fer.* Le fer en cercles ou en feuilles s'assure franc d'avarie.
Ferblanc........	F^c d'avarie.		
Ficelle..........	10 p. %.		(17) *Grains et graines.* En général, les grains expédiés pour le Portugal, la Méditerranée ou pour les Indes, s'assurent francs d'avaries; cependant on obtient la franchise de 10 p. % pour les deux premières destinations, moyennant double prime.
Fils de coton et de laine........	3 p. %.		
Fils de laiton....	F^c d'avarie.	10 p. %.	
Fils d'or et d'argent..........	3 p. %.		
Fourrures.......	10 p. %.		
Fret à faire pour les navires.....	3 p. %.		Pour des voyages moins longs, ou pour ceux de la Baltique à nos parages, on assure les grains à 10 p. % de franchise, avec une prime plus forte que celle des autres articles. La prime des grains non séchés et du chenevis surpasse le plus souvent de moitié celle fixée pour les objets moins susceptibles de dommages ; encore ne trouverait-on pas à faire souscrire une somme d'une certaine importance sur une partie de chenevis. La graine de cumin, celle de genièvre, le millet, le blé, le sarrasin et les fèves, s'assurent, tantôt francs d'avarie, tantôt avec la franchise de 10 p. %. La graine de lin, surtout celle de l'Egypte, est considérée comme la graine la moins défavorable pour l'assureur ; cependant on est toujours plus exigeant pour la prime de l'assurance de cette graine que pour les autres espèces de marchandises.
Fromages	F^c d'avarie.		
Fruits verts et secs.	F^c d'avarie.		
Galons d'or et d'argent..........	3 p. %.		
Gants en caisses...	3 p. %.		
Garance en barriques..........	3 p. %.		
Gingembre en barriques, sacs ou balles........	3 p. %.		
Glaces..........	F^c d'avarie.		
Gomme.........	3 p. %.	F^c d'avarie.	
Grains et graines (17)........	10 p. %.		Les assureurs font toujours une différence dans la prime en faveur de la graine de colza relativement aux autres grains.
Gravures........	F^c d'avarie.		
Habillemens neufs.	3 p. %.		
Harengs.........	F^c d'avarie.	10 p. %.	(18) *Légumes secs.* Conservés en pots, ils s'assurent francs d'avarie, au-dessous de 3 p. %.
Harnais.........	3 p. %.		
Horlogeries......	3 p. %.		
Houblon........	F^c d'avarie.		(19) *Lettre à la grosse.* On en obtient difficilement l'assurance, lorsque le chargement du navire qu'elle concerne est peu considérable. Beaucoup d'assureurs y refusent toujours leur garantie.
Indigot.........	3 p. %.		
Instrumens de toute espèce..... .	F^c d'avarie.		
Jambons........	F^c d'avarie.		
Laines lavées ou en suint........	10 p. %.		
Légumes secs (18).	10 p. %.		
Lettres à la grosse (19)........			

OBJETS ASSURÉS.	QUOTITÉ de franchise d'avarie stipulée		OBSERVATIONS.
	Ordinairement	Quelquefois.	
Liége en planches .	F d'avarie.		
Lin	10 p. %.		
Lithographies	F d'avarie		
Livres et autres articles de librairie	F d'avarie.	10 p. %	(20) *Corps et quilles des navires.* Aux termes imprimés de la police, lorsqu'un navire est assuré sans qu'il ait été déclaré construit en sapin, et qu'il l'est réellement, les assureurs ne sont tenus qu'au paiement de la moitié du dommage. On obtient difficilement l'assurance des navires dont la valeur ne dépasse pas 6 à 8000 florins. On chercherait en vain à faire assurer un navire qui ne vaudrait que 2 à 3000 florins. On refuse généralement d'assurer les navires qui naviguent sur lest, ou qui n'ont qu'un chargement de peu d'importance, comme du charbon, du bois, du sel, etc. Les navires pêcheurs ne trouvent à se faire assurer que pour le risque de perte totale seulement.
Macis	3 p. %		
Maroquin fabriqué	3 p. %		
Mécaniques	F d'avarie.		
Médicamens	F d'avarie.	10 p. o/o et 3 p. o/o	
Merceries	3 p. %		
Meubles	3 p. %		
Mobilier ayant déjà servi	F d'avarie.		
Navires (corps, quilles, etc. des) (20).	3 p. %		
Noix de galles	F d'avarie.		
» muscades	3 p. %	10 p. %	
Objets de fantaisie	3 p. %		
Ocre	10 p. %		(21) *Orseille.* Cette mousse, de même que celle d'Irlande et toutes les autres, ne s'assure que franche d'avarie.
Opium	10 p. %		
Or en lingots	3 p. %		
Orseille (21)	F d'avarie.		
Papier (22)	F d'avarie.		
Parapluies	3 p. %	10 p. %	(22) *Papier.* Le papier en caisses s'assure franc d'avarie, au-dessous de 10 p. %.
Parfumeries en caisson	3 p. %		
Peintures	3 p. %		
Pierres à aiguiser et pierres préc. cieuses	3 p. %		(23) *Poils.* On les assure francs d'avarie, lorsqu'ils sont en panier.
Piment	3 p. %		
Pipes en caisse	3 p. %		
Planches de laiton	F d'avarie.		
Plantes	F d'avarie.		(24) *Poissons secs et salés.* L'expérience a fait reconnaître aux assureurs que le stokfisch qui est chargé à Drontheim leur est beaucoup plus favorable que celui chargé à Bergen ; aussi accordent-ils toujours au premier la franchise d'avarie de 10 p. %, tandis qu'ils n'acceptent l'autre que franc d'avarie, pour peu que le voyage à faire soit de longue durée.
Plomb	3 p. %		
Plumes à écrire et autres	F d'avarie.		
Poils de toute espèce (23)	10 p. %	F d'avarie.	
Poissons secs et salés (24)	10 p. %		
Poivre en sacs ou grenier	3 p. %		(25) *Porcelaines.* Même observation que pour les faïences.
Porcelaines (25)	3 p. %		
Potasse, perlasse, et védasse	3 p. %		

OBJETS ASSURÉS.	QUOTITÉ de franchise d'avarie stipulée		OBSERVATIONS.
	Ordinairement	Quelquefois.	
Quincaillerie et autres marchandises sujettes à la rouille (26)....	Fᶜ avarie.		(26) *Quincailleries et autres marchandises sujettes à la rouille.* Ces articles s'assurent souvent à des conditions de franchise d'avarie plus favorables que celles indiquées; mais dans ces cas la prime est augmentée d'un demi jusqu'à 1 p. o/o, selon les chances du risque.
Quinquina.......	3 p. %.		
Réglisse (suc ou jus et bois de).....	Fᶜ d'avarie.	10 p. %	
Rhubarbe.......	Fᶜ d'avarie.	10 p. %	
Riz en barriques ou en sacs........	10 p. %.		
Rocou..........	10 p. %.		
Rotins..........	10 p. %.		
Rubans..........	3 p. %.		
Sacs vides.......	Fᶜ d'avarie.		(27) *Sel.* La majorité des assureurs refusent d'assurer cet article, et ceux qui en veulent encore demandent 3/4 p. o/o au-dessus de la prime.
Safranum........	10 p. %.		
Saindoux........	3 p. %.		
Salpêtre.........	10 p. %.		
Salsepareille.....	Fᶜ d'avarie.	10 p. %.	
Savon..........	10 p. %.		
Schakos........	3 p. %.		
Schalls........	3 p. %.		
Sel (27)........	Fᶜ d'avarie.		(28) *Sucres.* Les sucres de la Havane, qui ne trouvaient pas à s'assurer il y a quelque temps autrement que francs d'avarie, au-dessous de 10 p. o/o, s'assurent actuellement francs d'avarie, au-dessous de 5 p. o/o, et les sucres provenant des Indes Orientales, qui s'assuraient toujours francs d'avarie, trouvent aujourd'hui à se faire assurer avec la franchise de 10 p. o/o.
Semelles de feutre ciré........	10 p. %.		
Séné...........	Fᶜ d'avarie.		
Soies de porc.....	10 p. %.		
» et soieries...	3 p. %.		
Soude..........	10 p. %.		
Soufre en canons ou en grenier..	3 p. %.		
Souliers........	3 p. %.		(29) *Sumac.* Ce n'est que difficilement et qu'avec une augmentation qui varie suivant les saisons, de 3/4 à 1/2 p. o/o, qu'on trouve à faire assurer cet article autrement que franc d'avarie.
Sucre terré blanc en barriques ou caisses, et terré blond de la Havane.........	5 p. %.		
Sucre autre que terré blanc en barriques ou en caisses, et terré blond de la Havane (28).....	10 p. %.		(30) *Tabacs.* Les tabacs fabriqués, les varinas en canastres, s'assurent francs d'avarie au-dessous de 3 p. o/o ; les cigares au-dessous de 10 p. %; les tabacs indigènes, ceux de l'Ukraine s'assurent francs d'avarie. Cependant il arrive quelquefois, lorsque le risque se présente sous d'heureux auspices, que, moyennant une double prime, on obtienne la franchise de 10 p. o/o pour les tabacs indigènes.
Sucre en pains et candi........	10 p. %.		
Suif............	3 p. %.		
Sumac (29)......	Fᶜ d'avarie.		
Tabacs (30)	10 p. %.	3 p. %. et Fᶜ d'avar.	
Tableaux........	Fᶜ d'avarie.		

OBJETS ASSURÉS.	QUOTITÉ de franchise d'avarie stipulée		OBSERVATIONS.
	Ordinairement	Quelquefois.	
Tapis...........	10 p. %.	Fᶜ d'avarie.	
Tartre..........	Fᶜ d'avarie.	10 p. %.	
Teintures en général...........	3 p. %.		
Thé............	3 p. %.		
Toileries et autres étoffes de lin et de coton en caisses (31)........	3 p. %.		
Toileries en balles.	10 p. %.		
Tourteaux de lin ou de colza.....	Fᶜ d'avarie.		
Verdet..........	3 p. %.		
Verreries (32)....	3 p. %.		
Viandes conservées..........	3 p. %.		
Vif-argent.	3 p. %.		
Vins et autres liquides (33).....	3 p. %.		
Voitures........	3 p. %.		
Zinc...........	3 p. %.		

OBSERVATIONS.

(31) *Toiles.* Les toiles de Pologne s'assurent tantôt franches d'avarie, tantôt avec la franchise de 10 p. ₒ/° selon les circonstances.

Les toiles imprimées, même en balles, s'assurent assez généralement franches d'avarie, au-dessous de 3 p. ₒ/°.

(32) *Verreries.* Même observation que pour les faïences et les porcelaines.

(33) *Vins et autres liquides.* En cas d'avarie sur les liquides et autres marchandises sujettes au coulage, il n'est remboursé qu'autant que dans sa traversée le navire ait échoué ou fait naufrage, ou qu'il soit entré dans un port de relâche, et qu'il y ait déchargé sa cargaison, et que le dommage s'élève à 3 p. ₒ/° en sus du coulage ordinaire, non à la charge des assureurs, et dont la fixation a été déterminée par les courtiers en vins de la manière qui suit:

Pour les vins blancs sur lie venant de la Méditerranée. . . . . 12 p. °/ₒ.
Pour les vins blancs sur lie venant de France. . . . . 10 p. °/ₒ.
Pour les vins blancs soutirés venant de la Méditerranée ou de la France. 8 p. °/ₒ.
Pour toutes sortes de vins rouges. 5 p. °/ₒ.
Pour l'eau-de-vie. . . . . . 3 p. °/ₒ.
pour les huiles de la Méditerranée. 4 p. °/ₒ.

ANVERS.

Les soussignés assurent respectivement les sommes désignées par chacun d'eux à M....... demeurant à ...... agissant pour le compte de qui il peut appartenir, sur ...... navire ...... pavillon ...... capitaine ...... ou tout autre à sa place, et de quelque manière que le nom du navire et celui du capitaine soient orthographiés pour le voyage de ...... moyennant la prime de ...... aux conditions suivantes :

Risques garantis par les assureurs.

Art. 1er. Les assureurs prennent à leurs risques tous dommages ou pertes provenant de tempête, naufrage, échouement, abordage fortuit, relâches et changemens forcés de route, de voyage ou de vaisseau, jet, feu, pillage, guerre, représailles, arrêts, captures, molestation de pirates ou sujets de nations ou peuples quelconques, amis ou ennemis, négligence du capitaine ou de l'équipage, baratterie de patron, et généralement tous accidens et fortunes de mer.

Risques non garantis par les assureurs.

Art. 2. Sont formellement exceptés : tous risques, captures et confiscations pour cause de contrebande ou commerce prohibé.

Durée des risques sur facultés.

Art. 3. Le risque sur les marchandises commence du moment où elles sont chargées dans le navire ou dans les alléges pour les y porter, et continue jusqu'à ce qu'elles soient mises à terre au lieu où doit finir le voyage.

Durée des risques sur corps des navires.

Le risque sur corps, quille, agrès, apparaux du navire, court du moment où le navire commence à charger ou qu'il a pris à bord tout le lest nécessaire au voyage assuré, et finit vingt et un jours après son arrivée à sa destination, à moins que le déchargement ne soit effectué plus tôt.

Délaissement pour naufrage, défaut de nouvelles, etc.

Art. 4. Le délaissement peut être fait dans tous les cas prévus par la loi, sauf, pour les marchandises, dans ceux de naufrage, d'échouement avec bris ou d'innavigabilité par fortune de mer, si la perte ou la détérioration ne s'élève pas aux trois quarts de la valeur.

Il peut en outre avoir lieu, s'il n'y a aucune nouvelle : après six mois révolus, pour les voyages des mers d'Europe; après douze mois révolus, pour les voyages dans les Indes occidentales, jusqu'au cap Horn; après dix-huit mois révolus, pour les voyages à l'est du cap de Bonne-Espérance, et à l'ouest du cap Horn.

Le tout, à compter du jour des dernières nouvelles reçues.

ART. 5. Les avaries grosses ou communes ne se paient qu'autant qu'elles s'élèvent à trois pour cent. *(Avaries grosses.)*

ART. 6. Les avaries particulières sur navire, quille, agrès et apparaux, ne se paient qu'autant qu'elles s'élèvent à trois pour cent. *(Avaries particulières au corps.)*

En contractant l'assurance sur corps, quille, agrès et apparaux d'un navire construit en bois de sapin, la déclaration doit en être faite; faute de quoi, il n'est remboursé que la moitié du dommage qui arriverait au navire, quille, agrès et apparaux; et dans ce cas, l'avarie particulière doit s'élever à six pour cent. *(Déclaration essentielle sur la construction d'un navire.)*

Il n'est admis dans les comptes auxquels les avaries particulières au navire donnent lieu, que les objets remplaçant ceux brisés ou endommagés pendant le voyage assuré; et de tous les ouvrages de cette nature, les ancres exceptées, il est déduit le tiers pour compenser la différence entre le neuf et le vieux. *(Suite du règlement. avaries particulières.)*

N'y sont en outre jamais compris les loyers ou la nourriture du capitaine et de l'équipage, les frais d'hivernage, de quarantaine ou de jours de planches; non plus que dans les voyages de pêche, les pertes de câbles, ancres et ustensiles de pêche, pendant le mouillage des navires sur les lieux.

ART. 7. Les avaries grosses ou communes et les avaries particulières se cumulent dans les comptes à charge des assureurs. *(Avaries grosses et particulières cumulées.)*

Les avaries des voyages d'aller et de retour se règlent séparément. *(Avaries en allant et en revenant.)*

Lorsque les avaries particulières sur les marchandises proviennent seulement de pillage, de frais ou dépenses, et qu'elles s'élèvent à trois pour cent, elles sont remboursées nonobstant les franchises stipulées aux articles 8, 9 et 10 ci-après. *(Réduction de franchises.)*

ART. 8. Les avaries particulières sur les marchandises ne se paient qu'autant qu'elles s'élèvent aux taux indiqués dans le tableau qui va suivre. *(Détail des quotités des franchises d'avarie particulières.)*

3 p. % SUR LES OBJETS SUIVANS.	3 p. % SUR LES OBJETS SUIVANS.	5 p. % SUR LES OBJETS SUIVANS.	10 p. % SUR LES OBJETS SUIVANS.	
Beurre. Bois de teinture et de construction. Brai. Cacao { en barriques, Café { en balles ou en sacs. Cannelle { Cassia-lignea { en caisses. Cire. Clous de girofle. Cochenille en barriques ou en surons. Coton. Draps et autres étoffes de laine. Fil de coton et de lin. Gingembres en barriques. Indigo. Laine lavée. Macis. Noix de galles.	Noix de muscade. Piment { en barri- Poivre { ques, en balles ou en sacs. Soie et soieries. Suif. Thé. Toileries et autres étoffes de lin et de coton. Verdet.	Alizari. Alun. Cannelle en fardelles. Cochenille en sacs. Colles en futailles ou caisses. Curcuma. Farine en barils. Garance en barrique. Gingembre en sacs ou en balles. Gomme. Quinquina. Riz en barriques. Rhubarbe. Rocou. Sucre terré blanc en barriques ou caisses, et terré blond de la Havane. Soufre en canons. Tabacs.	Amandes en futailles. Amidon. Anis. Blé. Bouchons. Café en grenier. Chanvre et lin. Corinthes en bottes. Crème de tartre. Cuirs secs et peaux. Drogueries non mentionnées dans le présent tableau. Écorces de chêne. Farines en sacs. Graines. Houblon. Légumes secs. Liége en planches. Livres et autres articles de librairie.	Papier. Plumes à écrire. Poils de toute espèce. Poissons secs et salés. Poivre en grenier. Potasse, perlasse et verdasse. Riz en sacs. Salpêtre. Savon. Soies de porc. Soude. Soufre en grenier. Suc ou bois de réglisse. Sucre autre que terré blanc en barriques ou en caisses, et terré blond de la Havane. Sucres en pain et candi. Sumac. Tourteaux de lin ou de colza.

Avaries
sur les li-
quides, etc.

ART. 9. En cas d'avaries sur les liquides et autres marchandises sujettes au coulage, il n'est remboursé qu'autant que le navire ait échoué ou fait naufrage, et que le dommage s'élève à cinq pour cent sur les vins, et trois pour cent sur les autres liquides, en sus du coulage ordinaire, non à la charge des assureurs, et dont la fixation sera au besoin déterminée par des experts.

Articles fra-
giles ou péris-
sables par
leur propre
nature.

ART. 10. Sont francs de dommages, en cas de bonne arrivée, les sels, les fromages, les fruits verts et secs, les laines en suint, les glaces, les objets de verreries, les liquides en bouteilles, les porcelaines, les faïences, les plumes autres que celles à écrire, et les marchandises sujettes à la rouille, à moins d'exception formelle dans la présente police.

Néanmoins les dommages sur les mêmes articles, en cas de naufrage ou d'échouement, sont payés lorsqu'ils s'élèvent à cinquante pour cent.

Paiement
des pertes.

ART. 11. Les pertes à la charge des assureurs sont, aussitôt justification, payées comptant et sans aucune retenue.

ART. 12. Ces pertes sont payées au porteur de la police, d'après les pièces justificatives, sans qu'il soit besoin de procuration.

Art. 13. La présente assurance est faite sur bonnes ou mauvaises nouvelles, pour être exécutée de bonne foi, renonçant à la lieue et demie par heure.

Art. 14. Les contestations qui s'élèvent entre les assureurs et les assurés, pour l'exécution de la présente police, sont jugées en dernier ressort par deux arbitres au choix de chaque partie, lesquels arbitres, s'il y a partage, en désignent un troisième pour les départager, les parties renonçant dès à présent pour lors à tous recours en appel, cassation, requête civile, opposition à l'ordonnance d'exécution ou autres.

PLACE D'ANVERS.

CONDITIONS DE L'ASSURANCE DES DIVERS ARTICLES.

N. B. Les chiffres dont quelques objets assurés sont marqués, renvoient aux notes placées au bas de la page.

OBSERVATIONS.

Deuxième colonne. — Les blancs de cette colonne concernent les objets dont la quotité de franchise d'avarie n'est pas stipulée dans la partie imprimée de la police.

Deuxième et troisième colonnes. — Les chiffres 3, 5 et 10 p. °/₀ signifient qu'il faut que les avaries montent à 3, 5 et 10 p. °/₀ ou plus haut, pour que les assureurs soient tenus de les rembourser.

Les mots *article dix* indiquent que les marchandises dont il s'agit sont, comme celles indiquées dans l'art. 10 de la police, *franches de dommages en cas de bonne arrivée, et franches d'avarie au-dessous de 50 p. °/₀ en cas d'échouement ou naufrage.*

Quatrième colonne. — Elle indique la manière dont on divise le plus ordinairement les séries de diverses marchandises, pour le réglement du dommage; beaucoup d'articles ne sont jamais présentés en masse suffisante aux assureurs pour qu'ils accordent la division par séries, ce sont les objets où il n'est pas fait mention de séries. *A défaut de marques ou numéros,* les marchandises ne forment qu'une seule série pour le réglement des avaries, les assureurs n'admettant jamais de division en séries, faite d'après l'ordre du débarquement.

Cinquième colonne. — On ne trouve dans cette colonne que deux mots différens, *expertise* et *vente publique;* le premier signifie que l'assurance se contracte à la condition qu'en cas d'avarie, le réglement s'en fasse d'après l'estimation d'experts nommés par les parties; et le second, que le résultat de la vente publique de l'objet endommagé servira de base au réglement de l'avarie.

3

Ces mots ne sont jamais relatifs qu'aux articles d'importation dans ce pays; et l'expertise ne l'est guère qu'aux drogueries et autres marchandises qui, soit saines, soit avariées, trouvent difficilement des acheteurs.

Dans le cas où les marchandises assurées à Anvers y arrivent endommagées par suite du voyage pour lequel elles ont été assurées, l'estimation de la valeur qu'auraient les objets avariés s'ils étaient sains, est faite avant la vente qui doit avoir lieu, le jour même de cette vente. et d'après le cours dudit jour.

OBJETS ASSURÉS.	CONDITIONS AUXQUELLES ON LES ASSURE.			
	QUOTITÉ DE FRANCHISE D'AVARIE,		Composition ordinaire des séries.	Manière de constater le dommage.
	Suivant les conditions imprimées de la police.	Suivant l'usage de la place.		
Alizari.	5 p. %.			Expertise.
Alquifoux (1).		3 p. %.		
Alun.	5 p. %.			d°
Amandes en futailles.	10 p. %.			
Amidon.	10 p. %.			»
Anchois.	Article dix.			
Ancres.		3 p. %.		
Anis.	10 p. %.	»		d°
Argent en lingots (2).		3 p. %.		
Argenterie.		3 p. %.		
Avanalèdes.		5 p. %.		d°
Barriques vides.		Article dix.		
Bassins de laiton.	Article dix.	3 p. %.		
Beurre.	3 p. %.			
Bijouterie.				
Blé.	10 p. %.			d°
Bois de teinture, de construction (3).	3 p. %.			Vente publ.
Borax.		3 p. %.		
Bouchous.	10 p. %.			Expertise.
Brai.	3 p. %.			»
Cacao (4).			5 balles ou 10 barr.	»
Café en balles ou en sacs.	3 p. %.			Vente publ.
» en greniers.	10 p. %.			»

(1) *Alquifoux*, Voy. *Plomb* (92).

(2) *Argent en lingots*. S'assure à raison de 3/4 de la prime des articles ordinaires.

(3) *Bois*. Le peu de valeur d'un chargement de bois de construction rend les assureurs exigeans pour la prime de l'assurance de cet article.

(4) *Cacao*. Quand le navire ne jouit pas d'une très-bonne réputation, on trouve difficilement à faire assurer cet article aux conditions de la police.

Le Cacao destiné pour la Méditerranée ne s'assure ordinairement que franc d'avarie.

OBJETS ASSURÉS.	CONDITIONS AUXQUELLES ON LES ASSURE.			
	QUOTITÉ DE FRANCHISE D'AVARIE,		Composition ordinaire des séries.	Manière de constater le dommage.
	Suivant les conditions imprimées de la police.	Suivant l'usage de la place.		
Camomille.		Article dix.		
Cannelle en caissons.	3 p. %.			
» fardelles.	5 p. %.			
Cartes à jouer.		Article dix.		
» géographiques.		»		
Carton.		10 p. %.		
Cassia-lignea en caisses.	3 p. %.			Expertise.
Céruse.		3 p. %.		
Chandelles.		Article dix.		
Chanvre (5).	10 p. %.		fl. 6 à 8,000.	Expertise.
Chapeaux.		Article dix.		
Charbon de terre (6).		»		
Chaux éteinte.		»		
Chemises.	3 p. %.			
Chicorées en tonnes.	10 p. %.			
Ciment.		3 p. %.		
Cire.	3 p. %.			
» à cacheter.		3 p. %.		
Cloches en métal.		3 p. %.		
Clous de girofle.	3 p. %.		fl. 2,500 à 3,000	Vente publ.
Cobalt en tonnes.		3 p. %.		
Cochenille en barriques ou surons.	3 p. %.			Expertise.
» en sacs.	5 p. %.			»
Colle en futailles ou caisses (7).	5 p. %.			»
Confitures.		Article dix.		
Cordages.		3 p. %.		
Cordes de violon.		Article dix.		Expertise.
Corinthes en bottes.	10 p. %.			»
» en barils ou barriques.	Article dix.	10 p. %.		
Cornes de bœuf.		10 p. %.		
Coton.	3 p. %.		20 à 30 ball.	Vente publ.
Couvertures de laine.		3 p. %.		
Cuirs secs et peaux.	10 p. %.		500 cuirs.	Vente publ.
Cuirs tannés ou salés.		10 p. %.		
Cuivre (8).		3 p. %.		

(5) *Chanvre*. On craint généralement d'assurer cet article autrement que franc d'avarie, lorsqu'il est destiné pour la France.

(6) *Charbon de terre*. Un chargement de charbon de terre est d'une si mince valeur, qu'on exige toujours une prime très-élevée. L'assurance de cet article, lorsqu'il compose seul le chargement du navire, n'est pas facile à obtenir.

(7) *Colle*. La colle, surtout celle de poisson, est considérée comme très-défavorable à l'assureur.

(8) *Cuivre*. S'assure à raison des 4/5 de la prime ordinaire.

| OBJETS ASSURÉS. | CONDITIONS AUXQUELLES ON LES ASSURE. | | | |
| | QUOTITÉ DE FRANCHISE D'AVARIE, | | Composition ordinaire des séries. | Manière de constater le dommage. |
	Suivant les conditions imprimées de la police.	Suivant l'usage de la place.		
Curcuma.	5 p. %.			Expertise.
Dames-jeannes.		3 p. %.		
Douves de tonneaux.		10 p. %.		
Draps et étoffes de laine.	3 p. %.		1 à 5 balles.	
Drogueries en général.	10 p. %.			Expertise.
Eau de Cologne en caisses.		3 p. %.		
Ecailles de tortue.		3 p. %.		
Ecorces de chêne (9).	10 p. %.			
Epaulettes.		3 p. %.		
Eponges.		10 p. %.		
Espèces monnayées (10).		3 p. %.		
Etain (11).		3 p. %.		
Eventails.		Article dix.		
Faïences.	Article dix.			
Farine en barils (12).	5 p. %.			
" en sacs.	10 p. %.			
Fer.	Article dix.			
Fer-blanc.	"			
Ficelle.		10 p. %.		
Fil de coton et laine.	3 p. %.			
Fil de laiton (13).	Article dix.	3 p. %.		
Fils d'or et d'argent.		3 p. %.		
Fourrures.		10 p. %.		
Fret à faire pour les navires (14).				
Fromages.	Article dix.			
Fruits verts et secs (15).	"			
Galons d'or et d'argent.		3 p. %.		
Gants en caisses.		10 p. %.		
Garance en barriques.	5 p. %.		fl. 2 à 3,000.	Expertise.
Gingembre en barriques.	3 p. %.			"

(9) *Ecorces de chêne.* Un chargement d'écorces de chêne représente une faible valeur et s'avarie aisément, mais sa légereté est favorable au navire qui le porte ; l'assurance de cet article se fait ordinairement au maximum de la prime cotée.

(10) *Espèces monnayées.* On les assure à la même prime que l'argent en lingots (2).

(11) *Etain.* On fait une petite diminution dans la prime en faveur de cet article.

(12) *Farines.* Les farines destinées pour un voyage de long cours trouvent difficilement à être assurées aux conditions imprimées de la police.

(13) *Fil de laiton destiné pour un voyage de long cours.* Le fil de laiton s'assure le plus souvent franc d'avarie, conformément à l'article 10 de la police.

(14) *Fret.* La plupart des assureurs font un sacrifice sur la prime pour obtenir cette assurance ; d'autres trouvent qu'il n'y a pas lieu à en faire.

(15) *Fruits.* Les fruits s'assurent quelquefois avec la condition que l'expertise servira à déterminer le dommage.

OBJETS ASSURÉS.	CONDITIONS AUXQUELLES ON LES ASSURE.			
	QUOTITÉ DE FRANCHISE D'AVARIE,		Composition ordinaire des séries.	Manière de constater le dommage.
	Suivant les conditions imprimées de la police.	Suivant l'usage de la place.		
Gingembre en sacs ou balles. . . .	5 p. %.			Expertise.
Glaces.	Article dix.			
Gomme.	5 p. %.			Expertise.
Grains et graines.	10 p. %.			Vente publ.
Gravures.	"	Article dix.		
Habillemens neufs.		3 p. °.		
Harengs.	10 p. %.	Article dix.		
Harnais.	"	"		
Horlogeries.		"		
Houblon.	10 p. %.			
Indigo.	3 p. %.			Vente publ.
Instrumens de toute espèce. . . .		Article dix.		
Jambons.		"		
Laines lavées.	3 p. %.			
Laines en suint.	Article dix.	10 p. %.	20 à 30 barr.	Vente publ.
Légumes secs (16).	10 p. %.			
Lettres à la grosse (17).				
Liége en planches.	10 p. %.			
Lin.	10 p. %.		fl. 2 à 3,000.	
Lithographies.	10 p. °.			
Livres et autres articles de librairie.	10 p. %.			
Macis.	3 p. %.			Expertise.
Maroquin fabriqué.		10 p. %.		
Mécaniques.		Article dix.		
Médicamens.		10 p. %.		
Merceries.		10 p. %.		
Mobilier ayant déjà servi.		Article dix.		
Navires (corps et quilles de) (18) . .	3 et 6 p. %.			
Noix de galles.	3 p. %.			Expertise.
Noix de muscade.	3 p. %.			"
Objets de fantaisie.		Article dix.		
Ocre.		10 p. %.		

(16) *Légumes secs.* C'est un article généralement plus redouté que les grains : on n'assure les légumes que francs d'avarie pour les voyages de longue durée.

(17) *Lettre à la grosse.* On en obtient difficilement l'assurance, lorsque le chargement du navire qu'elle concerne est peu considérable.

(18) *Corps et quilles des navires.* Voy. l'art. 6 des conditions imprimées de la police. On ne recherche l'assurance des corps et quilles que des navires connus comme bons pour les voyages qu'ils entreprennent, comme appartenant à des armateurs sûrs, et lorsqu'ils ont une cargaison d'une certaine valeur; mais l'on évite d'assurer les petits navires, surtout lorsqu'ils naviguent sur lest, ou avec un chargement peu important; les caboteurs de la Baltique, principalement ceux qui appartiennent à leur capitaine, et en général les navires sur lesquels on n'a pas de renseignemens.

OBJETS ASSURÉS.	CONDITIONS AUXQUELLES ON LES ASSURE.			
	QUOTITÉ DE FRANCHISE D'AVARIE,		Composition ordinaire des séries.	Manière de constater le dommage.
	Suivant les conditions imprimées de la police.	Suivant l'usage de la place.		
Opium (19)		10 p. %.	fl. 15,000.	
Or en lingots (20)		3 p. %.		
Orseille (21)	10 p. %.			Expertise.
Papier	10 p. %.			
Parapluies		Article dix.		
Peintures		»		
Pierres à aiguiser		»		
Piment	3 p. %.			Expertise.
Planches de laiton	Article dix.	3 p. %.		
Plantes		Article dix.		
Plomb (22)		3 p. %.		
Plumes à écrire	10 p. %.			
Plumes autres que celles à écrire	Article dix.			
Poils de toutes espèces	10 p. %.			
Poissons secs et salés (23)	10 p. %.			
Poivre en sacs	3 p. %.			Vente publ.
Poivre en greniers	10 p. %.			»
Porcelaines	Article dix.			
Potasse, perlasse, verdasse	10 p. %.		15 à 30 barr.	Vente publ.
Quincailleries et autres marchandises sujettes à la rouille (24)	Article dix.			
Quinquina	5 p. %.			Expertise.
Réglisse (suc ou bois)	10 p. %.			»
Riz en barrique	5 p. %.		25 barres.	Vente publ.
Riz en sacs	10 p. %.		50 sacs.	»
Rhubarbe	5 p. %.			Expertise.
Rocou	5 p. %.			»
Rotins		10 p. %.		

(19) *Opium.* Cet article n'est ordinairement présenté à l'assurance que par la société de commerce des Pays-Bas; c'est ce qui explique la manière dont la composition des séries est indiquée.

(20) *Or en lingots.* Même diminution dans la prime que pour l'argent (2).

(21) *Orseille.* Article considéré comme dangereux.

(22) *Plomb.* On fait généralement une petite diminution sur la prime en faveur de cet article.

(23) *Poissons secs.* Destinés pour la Méditerranée, on trouve difficilement à les faire assurer aux conditions générales de la police.

(24) *Quincailleries et autres marchandises sujettes à la rouille.* On les assure ordinairement franches d'avaries au-dessous de 3 p. %. sur la prime; on fait quelquefois une exception en faveur des fusils en caisses pour lesquels on ne demande qu'un demi p. %. d'augmentation. Il n'en est pas de même des clous, des épingles, articles pour lesquels on demande 1 p. %. d'augmentation, pour peu que le voyage à faire soit de longue durée.

Les aiguilles renfermées dans des boîtes en fer-blanc soudé s'assurent à la prime ordinaire et avec la franchise de 3 p. %. Certains assureurs ne consentent pas à couvrir le risque à la rouille.

OBJETS ASSURÉS.	CONDITIONS AUXQUELLES ON LES ASSURE.			
	QUOTITÉ DE FRANCHISE D'AVARIE,		Composition ordinaire des séries.	Manière de constater le dommage.
	Suivant les conditions imprimées de la police.	Suivant l'usage de la place.		
Rubans.		3 p. %.		
Sacs vides.		10 p. %.		
Safranum.		10 p. %.		
Saindoux.		Article dix.		
Salpêtre.	10 p. %.			Expertise.
Savon.	10 p. %.			»
Schakos.		3 p. %.		
Sel (25).	Article dix.			
Semelles de feutre cirées.		10 p. %.		
Soie de porc (26).		10 p. %.		Expertise.
Soie et soieries.	3 p. %.			
Soude.	10 p. %.			
Soufre en canons.	5 p. %.			d°
Soufre en greniers.	10 p. %.			»
Souliers.		10 p. %.		
Sucre terré blanc en barriques ou en caisses, et terré blond de la Havane (27).	5 p. %.		50 à 100 c^es.	Vente publ.
Sucre autre que terré blanc en barriques ou en caisses, et terré blond de la Havane (27).	10 p. %.		25 barriq^es, 100 sacs ou nattes.	Vente publ.
Sucre en pains et candi.	10 p. %.			
Suif.	3 p. %.			
Sumac (28).	10 p. %.		100 à 300 sacs.	Expertise.
Tabacs.	5 p. %.			»
Tableaux.		Article dix.		
Tapis.		10 p. %.		
Tartre.	10 p. %.			Expertise.
Teintures en général.		10 p. %.		
Thé (29).	3 p. %.			

(25) *Sel.* Quoique franc d'avarie, c'est un article très-dangereux pour l'assureur, à cause du peu de valeur et du poids d'un tel chargement.

(26) *Soie de porc.* Article connu comme très-susceptible de s'avarier.

(27) *Sucre.* De toutes les assurances sur sucres, ce sont celles sur les sucres de la Havane que l'on préfère; on exige pourtant un quart pour cent en sus de la prime ordinaire. Les sucres du Brésil ne s'assurent plus que francs d'avarie au-dessous de 10 p. %, l'expérience ayant démontré que cet article se trouve souvent avarié par l'eau pluviale avant d'étremi à bord : lorsque les sucres du Brésil se trouvent chargés dans un port autre que ceux du pays de production, peu d'assureurs en acceptent le risque autrement que franc d'avarie.

(28) *Sumac.* Article presque toujours atteint d'avarie; aussi ne l'assure-t-on qu'en exigeant un demi ou 1 p. % (selon les saisons) en sus de la prime ordinaire.

(29) *Thé.* Même observation que pour l'opium (19).

OBJETS ASSURÉS.	CONDITIONS AUXQUELLES ON LES ASSURE.			
	QUOTITÉ DE FRANCHISE D'AVARIE,		Composition ordinaire des séries.	Manière de constater le dommage.
	Suivant les conditions imprimées de la police.	Suivant l'usage de la place.		
Toileries et autres étoffes de lin et de coton (30).	3 p. %.		fl. 2 à 3,000.	
Tourteaux de lin ou de colza. . .	10 p. %.			
Verdet.	3 p. %.			Expertise.
Verreries.	Article dix.			
Viandes conservées.		Article dix.		
Vif-argent.		3 p. %.		
Vins et autres liquides (31). . .	5 p. %.			
Voitures.		Article dix.		
Zinc (32).		3 p. %.		

(30) *Toiles.* Quelques assureurs ne veulent assurer cet article qu'avec la franchise de 10 p. % : il est considéré généralement comme dangereux à assurer.

(31) *Vins et autres liquides.* Voy. l'art. 9 des conditions imprimées de la police.

(32) *Zinc.* Même observation que pour l'étain (11).

NOTES.

L'avarie grosse est remboursée en entier dès qu'elle s'élève à 3 p. %.

Les assureurs remboursent intégralement les avaries particulières, dès qu'elles atteignent le maximum des franchises fixées par la police , et non l'excédant de ce maximum.

Les frais et dépenses, lors même que l'objet assuré n'aurait éprouvé aucun dommage, sont remboursés en totalité par les assureurs aussitôt qu'ils s'élèvent à 3 p. %.

Les avaries grosses, les frais et dépenses et les avaries particulières, se cumulent pour atteindre la quotité de franchise et pour tomber en conséquence à la charge des assureurs qui les remboursent alors intégralement.

L'assuré et l'assureur paient chacun le courtage, à raison de 1/8e p. % sur la somme assurée.

On peut faire couvrir à Anvers une somme de cinq cent mille francs par les diverses compagnies d'assurances réunies aux assureurs particuliers.

BALTIMORE.

POLICE D'ASSURANCE SUR CORPS, ETC.

Par la présente, MM...... font assurer et affectent pour être assuré, perdu ou non perdu, à et de ...... sur le corps, les agrès, apparaux et autres fournitures du bon navire appelé le ...... dont est maître, après Dieu, pour le présent voyage ...... ou qui que ce soit qui aille pour maître sur ledit navire.

Le risque commençant sur ledit navire, ses agrès, apparaux, etc., à et de ...... susdit, continuera ainsi et subsistera jusqu'à l'heureuse arrivée dudit navire à ...... susdit et jusqu'à ce qu'il soit resté à l'ancre pendant vingt-quatre heures en bon état. Et il sera et il est permis audit navire, dans son voyage, de faire route et voile, toucher et s'arrêter dans tous les ports ou places, s'il y est obligé par la force du temps ou par d'autres événemens inévitables, sans préjudice de cette assurance. *Durée du risque.*

Ledit navire, ses agrès, etc., pour autant qu'ils concernent les assureurs, suivant l'accord fait entre les assurés et les assureurs dans cette police, sont et seront évalués à ...... sans qu'aucune autre évaluation ultérieure puisse être donnée par les assurés aux assureurs, ou à quelqu'un d'entre eux , pour le même objet. *Évaluation du navire.*

Quant aux risques que nous, assureurs, consentons à supporter et prendre sur nous dans ce voyage, ce sont ceux des mers, des navires de guerre, du feu, des ennemis, pirates, voleurs, écumeurs de mer, jets à la mer, lettres de marque et contre-marque, surprises, prises en mer, arrêts, retenues et détentions de tous rois, princes ou peuples, de quelle nation, condition ou qualité que ce soit, la baraterie du capitaine et de l'équipage et tous autres périls, pertes ou fortunes de mer qui ont apporté ou pourront porter préjudice, détriment ou dommage audit navire, soit à quelqu'une de ses parties. *Détail des risques à la charge des assureurs*

Dans le cas de quelque perte ou fortune de mer, il sera permis aux assurés ...... à leurs agens, commis et mandataires (et lesdits assurés, pour leur part, consentent et s'engagent par leurs agens, commis et mandataires), *Sauvetage et frais.*

4

à poursuivre, travailler et voyager pour la défense, le sauvetage et le recouvrement dudit navire ou d'une partie, sans préjudice à cette assurance aux charges de quoi nous, assureurs, contribuerons au prorata de la valeur de la somme ici assurée.

Paiement de la prime. — Et ainsi nous, assureurs, nous consentons et nous nous obligeons vis-à-vis des assurés, leurs exécuteurs testamentaires, administrateurs et mandataires, pour l'exécution entière des clauses mentionnées ci-dessus, reconnaissant avoir reçu des assurés ou de leurs mandataires, la prime due pour la présente assurance, à raison de . . . . . .

Réglement des pertes. — Dans le cas de perte, elle sera payée dans quatre-vingt-dix jours après la preuve et le réglement ; le montant de la prime, s'il n'a pas été payé, sera premièrement déduit.

En foi de quoi, etc.

Baltimore, le

MEMORANDUM.

Franchise d'avarie. — Il est convenu entre les assurés et les assureurs qu'aucune avarie ne sera remboursée au-dessous de 5 pour cent, à moins que ladite avarie ne soit générale.

Contestations. — Il est convenu réciproquement que si quelque contestation s'élevait relativement à quelque perte, sur cette police, il en sera référé à deux personnes choisies, l'une par les assurés, l'autre par les assureurs, lesquelles deux personnes auront le pouvoir de terminer le différend ; et dans le cas où elles ne pourraient s'accorder, alors ces deux personnes en choisiraient une troisième, et deux d'entre elles s'accordant, leur détermination sera obligatoire pour les deux parties.

Navires condamnés. — Si le susdit navire, après une visite en règle, vient à être condamné pour être vicié ou pourri, les assureurs ne sont pas tenus de rembourser la somme assurée par la police.

Ristournes. — Dans le cas de ristournes, demi pour cent sur la somme assurée est toujours acquis par les assureurs, et il est convenu entre les parties contractantes dans cette police que la prime ne peut pas être ristournée ou diminuée dans le cas de quelque changement de route fait par les propriétaires ou leurs agens dans le présent voyage.

Cas de contrebande. — Garanti par les assurés, franc de toute charge, dommage ou perte, arrivant par suite de capture ou détention de la propriété, pour cause d'un commerce illicite et prohibé.

Si l'on n'avait pas de nouvelles du susdit navire pendant . . . . . . mois, de- Défaut de nouvelles. puis le moment qu'il quitta le dernier port, il sera considéré comme perdu, et les assureurs s'engagent à rembourser la perte sans délai.

POLICE D'ASSURANCE SUR CARGAISON.

Par la présente, etc. . . . . . . font assurer et affectent pour être assuré, perdu ou non perdu, à et de. . . . . sur toutes sortes de marchandises ou biens légaux, chargés ou à charger à bord du bon navire appelé . . . . . . dont est maître pour le présent voyage. . . . . . ou quelque soit celui qui ira pour maître sur le susdit navire.

Le risque commence sur lesdites facultés légales depuis le moment de leur Durée des risques. mise à bord dudit navire, et jusqu'à . . . . . . et il sera et il est permis audit navire, dans son voyage, de faire route et voile, toucher et rester dans tous les ports ou places, s'il y est obligé par la force du temps ou par d'autres événemens inévitables, sans préjudice à cette assurance.

Les risques et périls dont nous, assureurs, consentons à nous charger dans Détail des risques garantis. le présent voyage, sont ceux des mers, des navires de guerre, du feu, des ennemis, pirates, voleurs, écumeurs de mer, jets, lettres de marque et contre-marque, surprises, prises, arrêts, retenues et détention de tous rois, princes ou peuples, de quelle nation, condition ou qualité qu'ils soient, baraterie du capitaine, et de l'équipage, et tous autres périls, pertes ou fortunes de mer qui ont porté ou pourront porter préjudice, détriment ou dommage aux susdits biens ou marchandises en tout ou en partie.

Dans le cas de quelque perte ou malheur, il sera permis aux assurés, à leurs Sauvetage et frais. agens, commis ou mandataires (et les assurés consentent et s'engagent par leurs agens, commis ou mandataires), à poursuivre, travailler et voyager pour la défense, la sauve-garde, le recouvrement des susdits biens ou marchandises en tout ou en partie, sans préjudice à cette assurance, aux frais de quoi nous, assureurs, contribuerons au prorata de la somme assurée par la présente.

Et ainsi, nous, assureurs, nous consentons, et nous nous engageons envers Paiement de la prime. les assurés, leurs exécuteurs testamentaires, administrateurs et mandataires, à exécuter fidèlement les clauses mentionnées ci-dessus, reconnaissant avoir reçu nous-mêmes des assurés ou de leurs mandataires, la prime due pour cette assurance, d'après le taux de . . . . .

Paiement des pertes. Dans le cas de perte, elle sera payée quatre-vingt-dix jours après la preuve et le réglement, le montant de la prime, s'il n'a pas été payé, étant premièrement déduit.

Contestations. Il est convenu réciproquement que si quelque contestation s'élevait relativement à quelque perte sur cette police, il en sera référé à deux personnes, l'une choisie par les assurés, l'autre par les assureurs, lesquelles deux personnes auront le pouvoir de terminer le différend; et dans le cas où elles ne pourraient pas s'accorder, alors ces deux personnes en choisiront une troisième, et deux d'entre elles s'accordant, leur détermination sera obligatoire pour les deux parties.

En témoignage de quoi, etc.

Baltimore, le. . . . . .

MEMORANDUM.

Franchises d'avaries. Il est convenu que le sel, le froment, le blé de l'Inde, les pois et toutes les autres sortes de grains et semences, le café et le cacao en grenier, la drèche le pain et le poisson sec arrimé en grenier, le tabac en barrique, les fruits, pommes ou autres articles qui sont périssables par leur propre nature, ne sont garantis par les assureurs que franco d'avarie, à moins qu'elle ne soit générale; le café en sacs, franco d'avarie, au-dessous de dix pour cent, et toutes les autres marchandises franco d'avarie au-dessous de cinq pour cent, à moins qu'elle ne soit générale.

Navires condamnés. Si le susdit navire, après une visite régulière, est condamné pour être vicié ou pourri, les assureurs ne sont pas tenus de rembourser la somme assurée par cette police.

Ristournis. Dans les cas de ristournis, demi pour cent sur la somme assurée est toujours acquis par les assureurs; et il est convenu entre les parties contractantes dans cette police, que la prime ne peut pas être ristournée ou diminuée dans le cas de quelque changement de route fait par les propriétaires ou leurs agens dans le présent voyage.

Commerce illicite. Garanti par les assurés franc de toute charge, dommage ou perte arrivant par suite de capture ou détention de la propriété pour cause d'un commerce illicite ou prohibé.

⇛⁕ **29** ⁕⇚

Si l'on n'a pas de nouvelles du susdit navire pendant...... mois depuis le moment où il aura quitté le dernier port, il sera considéré comme perdu, et les assureurs s'engagent à rembourser la perte sans délai. Défaut de nouvelles.

NOTES.

Lorsque les avaries atteignent le maximum des quotités fixées pour les franchises, les assureurs remboursent en entier le montant des avaries sans déduire aucune franchise. Réglement des avaries.

Les assurances sur fret sont autorisées aux États-Unis.

Dans cette police, comme dans toutes les polices des États-Unis et d'Angleterre, les franchises d'avaries particulières ne constituent en faveur des assureurs que le droit de ne pas payer un dommage minime et inséparable du fait du transport par mer. Ce dommage, considéré comme vice propre ou comme un inconvénient attaché au déplacement de la chose assurée, n'est pas avarie à proprement parler, et demeure conséquemment à la charge de l'assuré. Mais si la quotité est dépassée, alors il y a *avarie*, et les assureurs la paient en entier, sans déduction de franchise. Cette manière d'envisager les franchises d'avaries est tout-à-fait conforme à la nature du contrat d'assurance. L'avarie commune est remboursée sans aucune déduction, quelque minime que soit la contribution.

Les polices des États-Unis assurent tous les risques sans aucune exception. Ainsi le cas de capture des objets assurés par un navire anglais n'est pas garanti par les assureurs de Londres; mais un événement semblable serait à la charge des assureurs aux États-Unis. A cette différence près, la législation, ou plutôt la manière de décider les contestations résultant d'un contrat d'assurance, le droit de se faire assurer tel ou tel objet, sont les mêmes aux États-Unis qu'en Angleterre. (*Voyez* les notes détaillées sur les polices de Londres, ci-après.)

BORDEAUX.

POLICE D'ASSURANCE EN VIGUEUR DEPUIS LE 1ᵉʳ JANVIER 1827.

Nous, assureurs soussignés, assurons pour la somme ci-après souscrite, à vous M...... demeurant à Bordeaux, agissant pour...... sur...... estimé de gré à gré à la somme de...... navire...... capitaine...... reçu ou non reçu, ou tout autre à sa place, pour...... aux conditions et au prix ci-dessous fixés.

Assurances sur corps et sur facultés. Les assurances sur corps portent aussi sur les agrès et apparaux, ustensiles embarcations, vivres et victuailles, avances aux équipages, armement et mise hors, et généralement sur toutes les appartenances et dépendances, et celles *sur marchandises* les comprennent toutes, de quelle nature qu'elles soient, sujettes à coulage ou non.

Détail des risques garantis par les assureurs. Toutes pertes ou dommages qui arriveront aux objets assurés, par hostilités, représailles, arrêt de prince, tempête, naufrage, échouement, abordage fortuit, relâche forcée, changement forcé de route, de voyage ou de vaisseau, par jet, feu, pillage, et généralement par toutes autres fortunes de mer, sont aux risques des assureurs. Ils garantissent aussi toute perte résultant de molestations des puissances barbaresques, des pirates et autres écumeurs de mer et des puissances non reconnues par le droit public de l'Europe. Ils assument sur eux les prévarications et les fautes du capitaine, connues sous le nom de baraterie de patron. L'assurance étant faite sur bonnes ou mauvaises nouvelles, l'assureur et l'assuré renoncent réciproquement à la présomption légale résultant de la lieue et demie par heure.

Commerce illicite. Les assureurs demeurent exempts du risque de la contrebande et du commerce clandestin.

Escales permises au capitaine. Les assureurs permettent au capitaine, dans la direction du voyage assuré, toutes les escales qu'il jugera convenables ou utiles à son opération, tant pour prendre langue que pour vendre, traiter et échanger ou acheter des marchandises.

Le risque sur les marchandises commence du moment où elles ont été chargées sur le navire ou dans les gabarres pour les y porter ; il finit à l'instant où elles sont délivrées à terre.

Le risque sur corps date du moment où le navire a commencé à prendre charge jusqu'au trentième jour écoulé après celui où il aura été amarré ou aura mouillé l'ancre au lieu de sa dernière destination. Cependant le risque finit aussitôt que le navire reçoit à son bord, au lieu de sa dernière destination, des marchandises pour le voyage en retour, même dans le cas où celles d'aller ne seraient pas entièrement déchargées, et où les trente jours accordés pour terme du risque ne seraient pas révolus.

Les pertes et dommages qui donneront lieu au délaissement seront payés à l'assuré trois mois après que l'assureur en aura été averti à l'amiable ou judiciairement. Tous autres pertes ou dommages seront payés à l'assuré aussitôt après leur justification et réglement. Le délaissement pour cause d'échouement avec bris ne pourra être fait que tout autant qu'il y aura perte ou détérioration aux trois quarts de la valeur de l'objet assuré.

Soit que vous ayez fait abandon ou non, vous demeurez tenu de veiller à la salvation et conservation des objets assurés, en les faisant bénéficier et vendre si besoin est ; dans ce cas, de distribuer les fonds qui en proviendront ; vous donnant tout pouvoir à cet égard, à moins que nous ne vous fassions connaître, par acte formel, nos intentions contraires ; promettons de reconnaître tous les frais qui se feront à ces causes, tenant pour suffisante votre affirmation pour les comptes qui seront produits.

A défaut de nouvelles des navires, il vous sera permis de nous faire abandon, après dix-huit mois pour les voyages au-delà du cap Horn et de Bonne-Espérance, après un an pour tous les autres voyages de long cours et de grand cabotage, et après six mois pour le petit cabotage, à compter du jour du départ ou du jour auquel se rapporteront les dernières nouvelles reçues.

En cas d'assurance sur navires indéterminés, l'assuré s'oblige de faire con naître le nom du navire au plus tard dans douze mois pour les voyages du cap Horn et de Bonne-Espérance ; dans six mois pour les autres voyages de long cours et de grand cabotage ; et dans deux mois pour ceux au petit cabotage, le tout à compter de la date de la présente ; à défaut de quoi il sera alloué aux assureurs un pour cent, et le contrat sera nul de plein droit.

Il est convenu que, dans le cas où l'assurance sera faite à prime liée sur navire destiné pour les Indes orientales ou occidentales, il sera accordé au ges aux Indes orientales.

capitaine, soit en temps de paix, soit en temps de guerre, huit mois de séjour à compter du jour où le navire aura abordé dans un des ports de la colonie où il fera la vente de sa cargaison, ses recouvremens, ses achats et chargement en retour. Passé ce temps de huit mois, il sera payé aux assureurs demi pour cent pour chacun des mois de plus long séjour jusqu'à douze mois; après lequel temps les assureurs seront déchargés de tous risques, et il leur sera acquis les deux tiers de la prime liée arrêtée par la police, plus l'augmentation à laquelle donnent lieu les mois de séjour.

Si l'assurance porte sur des navires à partir d'Europe, en cas de non départ après six mois de la date de la police, la prime sera augmentée d'un pour cent, et après un an elle sera portée à deux pour cent, et le contrat sera nul de plein droit.

Réglement des avaries sur marchandises.

Chaque espèce de marchandise forme un capital distinct et séparé, comme s'il y avait une police sur chacune. L'espèce pourra être divisée en séries d'une valeur de cinq mille francs au moins, en suivant l'ordre des numéros.

Détail des franchises d'avaries sur les marchandises.

Dans le cas d'avaries particulières sur les marchandises, les assureurs ne paieront que l'excédant de :

3 p. % SUR LES OBJETS SUIVANS.	5 p. % SUR LES OBJETS SUIVANS.	10 p. % SUR LES OBJETS SUIVANS.		15 p. % SUR LES OBJETS SUIVANS.
Bœuf et lard salés.	Cacao en sacs et en grenier.	Alizaris.	Pelleteries.	Fruits secs ou liquides.
Beurre.	Café en nattes et balles.	Alun.	Poissons secs et salés.	Fromages.
Cacao } en futailles.	Epices en sacs.	Amidon.	Potasse et perlasse.	Grains, graines et grenailles.
Café } en futailles.	Gomme en futailles et caisses.	Anis.	Riz en sacs.	Gravures.
Cochenille.	Laines lavées.	Biscuits en futailles.	Sucre brut au long cours.	Livres.
Coton.	Poivre en sacs ou balles.	Bois de réglisse.	Salseparcille.	Laines en suint.
Cordages.	Quercitron.	Café en sacs et en grenier.	Sumac.	Légumes en sacs ou greniers.
Epices en futailles.	Riz en futailles.	Cendres de varec et de tabac.	Toiles bleues, dites guinées.	Papier.
Farine en barils.	Sucre brut au cabotage.	Couperose.	Verdet en sacs ou balles.	Plumes.
Indigo.	Sucre terré en sacs.	Cuirs.	Chanvre et lin.	Salpêtre.
Sucre terré en caisses ou futailles.	Tabacs en futailles.	Farines en sacs.		Soude.
Savon.	Toiles.	Fleur de soufre.		Suc de réglisse.
Suif.	Tissus de laine.	Garance.		Tabacs en balles ou surons.
Soufre brut et en canon.	Tissus de coton (Guinée exceptée).	Gomme en sacs et en grenier.		
Rocou.	Vert de gris en futailles.	Gingembre.		
Thé.		Légumes secs en barils ou futailles.		

Pour toutes les marchandises non désignées dans le tableau ci-contre, il demeure convenu que les retenues seront exercées comme sur celles avec lesquelles elles auront le plus de rapport.

Les assureurs sont exempts d'avaries particulières, s'il n'y a échoûment, sur les glaces, faïences, porcelaines, bouteilles, verroteries, sel, fruits verts, et sur toutes les marchandises sujettes à la rouille; et, dans le cas d'échoûment, les assureurs paieront l'excédant de cinq pour cent sur les glaces, faïences et porcelaines, et l'excédant de quinze pour cent sur les bouteilles, verroteries, sel, fruits verts, et sur les marchandises sujettes à la rouille.

Avaries
particulières
non garanties
par les
assureurs,
sauf le cas
d'échoû-
ment.

Les assureurs demeurent exempts, s'il n'y a échoûment, du coulage sur les liquides; et s'il y a échoûment, ils paieront seulement le coulage extraordinaire, déterminant d'ores et déjà le coulage ordinaire à cinq pour cent pour les voyages de grand et petit cabotage; à dix pour cent pour les voyages au long cours jusqu'aux caps de Horn et de Bonne-Espérance, et à quinze pour cent pour tous les voyages au-delà desdits caps.

Lorsque les avaries particulières se composeront seulement de frais et non d'altération de qualité, elles seront payées si elles s'élèvent à trois pour cent; les assureurs renonçant, pour ce cas, aux franchises stipulées dans l'article précédent; et le cas échéant, il leur sera bonifié un pour cent seulement.

Frais
remboursés
par les
assureurs.

Dans le cas d'avaries particulières sur corps, les assureurs paieront l'excédant de trois pour cent.

Règlement
des avaries
particulières
sur corps.

Il ne sera admis dans les comptes auxquels les avaries particulières sur navires donneront lieu, que les objets remplaçant ceux brisés ou endommagés pendant le voyage assuré; et de tous les ouvrages de cette nature (les ancres exceptées), il sera déduit le tiers pour compenser la différence entre le neuf et le vieux. *Il est bien entendu qu'il ne sera fait aucune déduction pour ce qui concerne la main-d'œuvre de calfats, charpentiers, fournitures d'étoupes, brai, goudron, etc., et qu'elle ne sera exercée que sur le remplacement des cordages, voiles, bois, mâture et autres objets sujets à dépérissement.*

En cas d'avaries grosses et communes, les assureurs ne paieront que l'excédant de trois pour cent, leur tenant toujours compte de la différence du neuf au vieux.

Règlement
des avaries
grosses.

Les assurés sur marchandises sont dispensés de rapporter le certificat de visite sur le navire.

Certificat de
visite.

En cas d'assurances sur navires destinés pour la pêche, en quelque lieu que ce soit, les assureurs sont exempts d'avaries sur les ustensiles de pêche,

Assurances
sur navires
destinés pour
la pêche.

Assurances
sur navires
étrangers.

les ancres et les câbles perdus pendant le mouillage audit lieu de pêche.

Si notre assurance porte sur navires ou marchandises, les avaries sur lesdits navires ou marchandises seront qualifiées et réglées suivant les us et coutumes de notre place, sans qu'on puisse se prévaloir des us et coutumes des places étrangères.

Limite des
sommes
qu'on peut
réclamer aux
assureurs.
Règlement
des primes.

Dans aucun cas les assureurs ne pourront être tenus de payer au-delà de la somme assurée.

La présente assurance convenue sur la prime de ...... si le navire part ou est parti des colonies du 1er février au 4 août inclusivement, et pour celle de ...... s'il part ou est parti depuis le 5 août au 31 janvier aussi inclusivement; ladite prime nous sera réglée en vos billets payables à .....

Cas de guerre,
hostili-
tés, etc.

En cas de guerre ou d'hostilités de la part de quelque puissance maritime reconnue par le droit public de l'Europe, contre le pavillon assuré, pendant la durée de nos risques (les puissances barbaresques d'Afrique, non plus que tous pirates et écumeurs de mer n'étant pas compris dans les puissances dont s'agit), la prime sera augmentée par des experts nommés de gré à gré par vous et nous, ou d'office par le tribunal de commerce. Leur décision ou rapport sera porté, s'il y a lieu, par-devant ledit tribunal, qui, dans ce cas, jugera en dernier ressort, sans qu'aucune des parties puisse faire appel ni recourir en cassation.

Conclusion.

Nous, assureurs et assurés, chacun en ce qui nous concerne, renonçons à toutes lois, ordonnances, réglemens maritimes, contraires aux stipulations du présent contrat, qui est, en ce qui tient aux clauses imprimées, conforme à l'original déposé au greffe du tribunal de commerce.

Fait à Bordeaux, le ......

NOTES.

La différence du neuf au vieux est calculée à Bordeaux sur la dépense effective.

La nature du voyage influe beaucoup sur la somme qu'on peut faire couvrir sur cette place. Sur un navire de première classe et pour les voyages aux Antilles françaises, dans la mer du Sud et dans l'Inde (Bourbon excepté), on peut faire couvrir jusqu'à cinq cent mille francs; mais on serait loin de pouvoir atteindre cette somme pour un navire peu connu ou mal noté, ainsi que pour les voyages du Sénégal, de Bourbon, etc.

Les frais de police sont à la charge du courtier, et le courtage est payé par l'assureur, qui, dans le cas d'heureuse arrivée du navire, abandonne à l'assuré un quart pour cent sur la prime.

Les primes se paient dans quatre mois de la date de la police pour les voyages de grand et petit cabotage, et dans douze mois pour les voyages de long cours ; et enfin pour les voyages de long cours avec retour, les primes sont réglées quatre mois après l'arrivée du navire.

BOSTON.

POLICE D'ASSURANCE DES ASSUREURS PARTICULIERS.

Par la présente police d'assurance, etc...... pour être assuré perdu ou non perdu la somme de...... sur...... du navire appelé le...... dont est maître pour ce voyage de...... à...... ou dans quelque autre lieu qu'il aille pour maître dans ledit navire, ou par quelque autre nom ou noms, ledit navire ou le maître sont ou seront nommés ou appelés.

Les risques commençant sur ledit navire à...... comme il est dit plus haut, et continueront pendant le cours du voyage ci-dessus désigné, savoir : *sur le corps du navire,* jusqu'à ce qu'il soit arrivé et resté en sûreté à l'ancre pendant vingt-quatre heures ; et *sur la cargaison,* jusqu'à sa mise à terre en sûreté ; enfin, dans les cas de malheur ou de détresse, il sera permis audit navire...... dans ce voyage, de faire route et toucher dans tous les ports ou places quelconques, sans préjudice à cette assurance.

Les assureurs consentent à supporter et à prendre sur eux, dans ce voyage, le danger des mers, du feu, des ennemis, des pirates, des voleurs, des empêchemens et arrêts de tous rois, princes ou peuples (de quelque nation ou qualité qu'ils soient) ; les assureurs prennent encore à leur charge la baraterie du capitaine, à moins que l'assuré ne soit lui-même à bord du navire ; celle de l'équipage et tous autres dommages ou malheurs qui sont arrivés ou arriveront au détriment dudit navire...... ou à quelqu'une de ses parties, les assureurs s'engageant à ceci, suivant les régles et usages de l'assurance à Boston.

Contestations.

Si quelque discussion s'élevait, le sujet du différend sera décidé par des arbitres choisis par chaque partie.

Autorisation donnée aux assurés dans le cas de malheurs.

Dans le cas de perte ou malheur, il sera permis à l'assuré, ses agens, commis ou mandataires, de poursuivre, travailler et voyager pour la défense, protection et sauvetage dudit navire...... ou de quelqu'une de ses parties, sans préjudice à cette assurance; à la charge de quoi les assureurs contribueront chacun au prorata de la somme assurée par eux.

Franchises d'avaries.

Les assureurs ne sont pas responsables des avaries au-dessous de sept pour cent sur les sucres, chenevis, pain, tabac et riz.

Ils sont francs d'avaries sur le sel, le lin, les chanvres, grains, poissons, fruits, peaux, cuirs et autres objets reconnus périssables par leur propre nature, à moins que le dommage n'arrive par échoûment ou bris du navire; et, dans ce cas, ils sont encore francs d'avaries, jusqu'à sept pour cent, sur tous les autres objets, ainsi que sur le corps du navire et sur le fret; la franchise d'avarie est de cinq pour cent, exceptant, dans tous les cas, l'avarie générale.

Pertes

Dans le cas de perte, l'assuré abandonnera un pour cent, et il sera remboursé dans soixante jours après la preuve de cette perte; mais toutes les sommes dues au bureau par l'assuré, pour primes, seront déduites de chaque perte qui pourra résulter de cette police.

Validité de la police.

Il est reconnu par les assureurs que cet écrit ou police d'assurance sera d'un effet légal; et ils promettent, en conséquence, et engagent leurs biens (chacun d'eux pour leur propre portion, soit par eux-mêmes, leurs héritiers ou administrateurs) envers les assurés, leurs exécuteurs testamentaires ou administrateurs pour l'entier accomplissement de leurs promesses, se reconnaissant eux-mêmes payés par les assurés, suivant ce qu'il est dû pour cette assurance et d'après le taux de......

Ristournes.

C'est l'expresse condition de cette police que les souscripteurs seront déchargés de tous risques dans le cas où la même propriété serait entièrement assurée par une police ou des polices maintenant antérieures à celle-ci; mais si quelque portion de cette même propriété n'était pas assurée par cette même police ou polices, ou si la somme assurée par cette police excédait la valeur réelle de la propriété mise en risque, alors les premiers souscripteurs, et ceux qui suivent en succession, seront tenus de prendre et supporter le risque de la somme souscrite par chacun d'eux respectivement, jusqu'à ce que la valeur réelle de la propriété mise en risque soit entièrement assurée; et les souscripteurs subséquens à celle-ci et aux polices d'une date postérieure seront déchargés de tous risques. Chaque assureur, quoique déchargé du risque, sera autorisé à recevoir demi pour cent sur la somme assurée par lui.

Dans aucun cas, si un ou plusieurs assureurs de cette propriété, sur cette police ou toute autre, devenait insolvable, la perte occasionée par cela sera supportée seulement par l'assuré, et aucun des assureurs ne sera sujet à aucune autre perte ou demande que celles auxquelles il serait exposé si une telle insolvabilité n'arrivait pas.

En foi de quoi, etc.

Boston , le. . . . . .

N. B. Voir les notes à la suite de la police de Baltimore.

CADIX.

ASSURANCE MARITIME.

Nous assurons à vous. . . . . . pour compte. . . . . . chacun pour soi et sans aucune solidarité, la somme de . . . . . en argent effectif métallique, avec exclusion de billets royaux et de toute autre espèce de papier-monnaie créé ou à créer.

Nous déclarons prendre à notre charge tous risques de mer, guerre, hostilités, pirates, jets, prises, représailles, naufrage, échoûment, arrêt de princes et toutes autres pertes ou les malheurs qui pourraient être causés à la totalité ou à partie de la matière assurée.

Respectivement à la *cargaison,* le risque commence depuis le moment qu'elle perdra terre pour être conduite à bord, jusqu'à ce qu'étant arrivée au port de sa destination, elle y soit déchargée et mise à bon sauvement; et pour le *corps,* quille, etc, depuis le moment où le navire mettra à la voile à. . . . . . jusqu'à ce qu'arrivé à. . . . . . il se soit passé. . . . . . heures après avoir mouillé; de quelque port, défense et construction que le navire soit et quelque soit son équipage, et le reste conformément à l'ordonnance de l'illustre consulat de la T. N. et T. L. ville de Bilbao, confirmée par S. M. l'an 1737, et lois en vigueur sur la matière.

Pour les paiemens, nous nous obligeons chacun de nous en particulier, avec tous les biens qui nous appartiennent ou pourront nous appartenir, comme pareillement nos hoirs ou testamentaires, pour la quantité qu'ils représenteront.

On ne répond pas du manque du chargé, ni de la baraterie du capitaine, maître ou de tout autre individu qui naviguerait dans le navire, ni d'avaries simples, ni de déchet, du coulage des liquides, ni des dommages de corruption, fracture ou autres provenant de la nature de la marchandise, ni de saisie et confiscation provenant de toute espèce de contrebande, ni d'aucune espèce de frais ou contribution qui seraient établis à cet égard, sous quelque nom que ce soit.

La prime convenue entre les parties est de......

En cas de perte, elle sera remboursée en la même espèce d'argent métallique, sans que par aucun motif on puisse obliger les soussignés au paiement de ce qui correspondrait à leur quote-part, jusqu'après six mois de la notification de l'abandon, qui sera précédé de la présentation des pièces qui y donneraient lieu; et le paiement effectué, les pièces constatant le chargé seront endossées à l'assureur ou aux assureurs, auxquels on remettra aussi les justifications du dommage ou de la perte.

Si l'assurance n'avait pas d'effet, elle sera ristournée en ce qui aurait lieu, et l'assuré tiendra compte de demi pour cent net sur le tout ou sur la partie ristournée.

Sous ces conditions, les souscripteurs ci-après répondent pour la somme que chacun d'eux exprimera, moyennant la prime stipulée, et ils se soumettent, dès ce moment, au tribunal de MM. le prieur et consuls et à celui d'alzadas (appel) de cette place, pour qu'ils décident et jugent conformément aux ordonnances ci-dessus citées et aux lois de la matière.

Cadix, le......

NOTE.

Le port de Cadix, ainsi que tous ceux de l'Espagne et du Portugal, offre maintenant très-peu de ressources pour les assurances maritimes; et les négocians de ces diverses contrées font assurer en France ou en Angleterre la majeure partie de leurs expéditions.

GÊNES.

En vertu du présent écrit, chacun de nous soussignés assure pour les sommes et pour les prix qu'il indiquera par sa signature, à la personne ou aux personnes ci-dessous indiquées, les objets décrits au bas de la présente, contre *tous risques de tempéte, naufrage, échoûment, abordage fortuit, changement forcé de route, de voyage et de navire, jet à la mer, feu, prise, pillage, arrêt par ordre de puissance, déclaration de guerre, représailles, et en général contre tous les risques de mer*, suivant la teneur du Code de commerce, titre 10 des assurances, et conformément aux autres pactes et conditions ci-dessous désignés.

Gênes, le . . . . .

NOTES.

L'imprimé des polices d'assurances maritimes à Gênes ne fait point mention des franchises d'avaries; cet objet se traite de gré à gré entre les assurés et les assureurs, en faisant couvrir le risque, soit *pour les avaries générales*, soit *pour les avaries particulières*. Franchises d'avaries et réglement.

En général, ces franchises d'avaries sont de trois pour cent *sur les marchandises fines*, cinq pour cent *sur les communes*, et dix pour cent *sur les comestibles*.

Tous les frais à la charge des assureurs, les avaries grosses et particulières sont cumulés ensemble pour être remboursés, sous déduction de la franchise convenue, et les assureurs ne paient que l'excédant de ces franchises.

Enfin les avaries se règlent au lieu du reste.

L'abandon peut être fait, lorsque par bris ou échoûment il y a perte des trois quarts de la valeur de la somme assurée; et pour le défaut de nouvelles, l'assuré est autorisé à faire abandon dans six mois pour les voyages ordinaires, et dans un an pour les voyages de long cours. Délaissement.

Somme qu'on peut faire assurer.

L'on peut faire assurer à Gênes une somme d'environ cent cinquante mille francs.

Paiement des primes.

Les primes se paient dans quatre mois, pour les voyages d'Europe, d'Asie et d'Afrique ; et dans neuf mois, pour les voyages d'Amérique.

Frais à la charge de l'assuré.

Les assurés paient un pour mille sur la somme assurée, pour droit de registre.

HAMBOURG.

Nous, assureurs soussignés, nous reconnaissons pour nous et nos héritiers avoir assuré chacun pour la somme par lui souscrite à M...... sur ...... évaluées (du consentement de nous, assureurs, et quand même elles pour, raient valoir ou avoir coûté plus ou moins, et sans qu'il soit besoin de fournir d'autre compte ou preuve de leur valeur que la présente police) à ...... marcs de banque ...... et chargées (ou à charger) à bord du navire ...... nommé ...... commandé actuellement par le capitaine ...... ou tout autre, et allant de ...... où il a chargé lesdites marchandises, à ...... où elles devront être déchargées.

Prime et détail des risques garantis.

Nous prenons à notre charge contre ...... pour cent de prime, argent de banque, que nous recevons des assurés, les risques et périls de ces marchandises, tous dommages et accidens qui pourraient leur survenir en partie ou en totalité, soit par des cas prévus ou imprévus et de quelque manière que ce soit : ainsi, nous répondons de toute fortune de mer, tempête et orage, naufrage, échoûment, abordage fortuit, jet, feu, arrêts et molestations de rois, princes et autres puissances, capture, reddition, confiscations et représailles, pillage de la part de corsaires ou pirates, et de tous les autres dangers auxquels lesdites marchandises pourraient être exposées pendant le présent voyage par une force étrangère, soit qu'ils arrivent par erreur, négligence ou baraterie du patron ou de son équipage, ou de toute autre manière. Nous nous mettons entièrement aux lieu et place des assurés, afin de les garantir de toutes pertes semblables.

Ledit risque commence du moment où lesdites marchandises quittent le rivage pour être portées à bord, et durera jusqu'à ce qu'elles aient été remises à terre sans avaries, à . . . . . . Que Dieu les conduise à bon port !

Nous consentons aussi que le navire qui a chargé ces marchandises continue son voyage selon que le capitaine le jugera à propos ; et s'il arrivait, ce qu'à Dieu ne plaise, d'une manière prévue ci-dessus ou autrement, quelque accident auxdites marchandises, ou qu'elles soient, en totalité ou en partie, perdues, avariées ou gâtées, nous nous engageons le premier comme le dernier, et chacun pour la somme par lui souscrite, à rembourser lesdits dommages et pertes, ainsi que tous frais extraordinaires ; et ce, dans l'espace de deux mois après l'avis du sinistre, en payant chacun la somme que nous avons souscrite, ou bien la partie de ces sommes qui sera nécessaire pour indemniser complètement les assurés. *Paiement des pertes ou avaries.*

Nous nous soumettons à toutes les clauses, conditions imprimées ou écrites (ces dernières devant avoir autant de force et même plus que si elles étaient imprimées), et aux lois d'assurance et réglemens d'avaries de cette ville de Hambourg, le tout sous la garantie de nos biens et aussi sans fraude et sans ruse. Arrêté par le courtier juré.

Hambourg, le. . . . . .

NOTES.

Les assureurs de Hambourg ont des polices spéciales :

1° Pour les assurances sur corps et quille, etc.

2°	*Id.*	sur risques de pêche au Groënland ;
3°	*Id.*	sur prêts à la grosse ;
4°	*Id.*	sur marchandises expédiées par terre, ou par canaux et rivières.

Leurs conditions générales sont les mêmes que celles désignées dans la police sus-précitée, et voici quelles sont les clauses ou conditions qui leur sont particulières.

Les assureurs prennent le risque à leur charge depuis le jour et l'heure où le navire aura commencé à charger sa cargaison ou son lest, jusqu'à ce qu'il soit arrivé à sa destination. *Durée des risques sur corps, quilles, etc.*

Le risque est garanti par les assureurs depuis le jour où l'on commence l'armement du navire, jusqu'à ce qu'après la pêche finie il soit heureusement *Assurance pour la pêche.*

retourné à...... et qu'il y ait déchargé sa cargaison; ils prennent à leur charge le risque des glaces, et donnent la faculté au capitaine de voguer, pêcher, charger et décharger, en choisissant les lieux dans les glaces ou en dehors, selon que les circonstances l'exigeront.

Assurances sur prêts à la grosse.

Les assureurs s'engagent à garantir l'assuré de tous dommages, et promettent que dans le cas où, de quelque manière que ce soit, prévue ou non prévue, il arriverait quelque malheur ou dommage au navire engagé par bomerie, soit aux marchandises ou à la valeur du fret; et si ce dommage était moindre que le montant de la bomerie, ils paieront à l'assuré, dans les deux mois et sans discussion, sur la présentation des preuves convenables des pertes et dommages, la somme consentie par eux, ou autant qu'il sera nécessaire pour le dédommagement total, y compris tous les frais extraordinaires.

Assurances sur marchandises expédiées par terre, par canaux ou par rivières.

Les assureurs garantissent les risques de tempête, orage, naufrage, voie d'eau, avaries, feu, arrêts, molestations de la part de rois, princes, etc., pillage par des voleurs de grands chemins ou autres, soit tout autre accident.

FRANCHISES D'AVARIES EN USAGE DANS LA PLACE DE HAMBOURG.

N. B. Quels que soient les dommages survenus aux objets assurés francs d'avaries, ils ne sont pas remboursés si le navire arrive à bon port; mais s'il y a eu naufrage ou échoûment, ils sont remboursés lorsque le dommage s'élève à 3 p. %; et, selon les assureurs de Hambourg, il n'y a échoûment que lorsque le navire qui a touché doit, pour se dégager, recourir à des secours étrangers et se faire alléger.

ARTICLES DONT LES ASSUREURS NE GARANTISSENT PAS L'AVARIE, SAUF LE CAS D'ECHOUMENT.

Alizari.	Bouchons.	Cloches (en métal).	Craies.	Ficelle.
Albâtre.	Cacao en (sacs).	Colle (de toute espèce).	Cruches.	Fils d'or et d'argent.
Aloës.	Cartes et carton.		Curcuma.	Fourrures.
Alun.	Caviar.	Colophane.	Eaux minérales.	Fromages.
Amandes.	Céruse.	Coloquinte.	Ecorces d'oranges.	Fruits verts et secs.
Amidon.	Chandelles.	Confitures.	Edredon.	Gants.
Anis.	Chapeaux.	Cordages (non goudronnés).	Eponges.	Gingembre (en sacs ou balles).
Avelanèdes.	Chaudières.		Faïences.	
Barriques vides.	Chicorée (en tonnes).	Cordes (d'instrumens).	Farine (en sacs et en barils).	Gravures.
Beurre.				Habillemens.
Bijouterie.	Ciment.	Corinthes.	Fer (en général).	Horlogeries.

Houblon.
Instrumens de toute espèce. 1
Jouets d'enfans.
Laiton travaillé (ou en planches).
Légumes (de toute espèce).
Liége en planches.
Liqueurs.
Livres.
Maïs.
Mécaniques.
Médicamens.
Meubles.
Orseille.
Pain.
Papier.
Parapluies.
Peintures.
Pelleteries.
Pierres à aiguiser.
Pierres ponces.
Plantes.
Plumes (en général).
Poils (de toute espèce).
Poêle (de fonte et de terre).
Poissons (secs et salés).
Porcelaines.
Potasse, perlasse.
Quincailleries et autres objets sujets à la rouille.
Racines (en sacs).
Réglisse (suc et bois de).
Riz (en sacs).
Sacs vides.
Salpêtre.
Savon.
Sel.
Soufre.
Soude.
Souliers.
Sucres (en sacs ou nattes).
Sumac.
Tapis.
Tartre.
Toileries (en balles).
Tourteaux de lin ou de colza.
Verreries.
Viandes conservées.
Voitures.

Toutes les teintures en général sont assurées franches d'avaries ; il n'y a que le bleu de Saxe et la cochenille dont l'avarie est garantie avec franchise de trois pour cent.

Les avaries sur les toiles en caisse, à l'exception des toiles de Flandre, de Silésie et des toiles à voiles, sont remboursées par les assureurs lorsqu'elles sont au-dessus de trois pour cent, de même que celles sur les toiles de coton blanches ou imprimées, et sur toutes les étoffes de fabrique anglaise.

Les assureurs sont francs d'avaries jusqu'à onze pour cent sur les vins et les liquides sujets au coulage, et le navire doit avoir échoué ou fait naufrage ; enfin, cette franchise n'est que de cinq pour cent sur les huiles en barriques cerclées en fer.

Les objets ci-après jouissent d'une franchise d'avarie de trois pour cent :

Alquifoux.
Ambre.
Ancres.
Argent.
Argenterie.
Bas.
Borax.
Brai.
Café en futailles.
Cannelle en caisses ou en fardelles.
Câpres en barriques.
Cassia-lign ea.
Charbon de terre.
Cire.
Clous de girofle.
Cobalt.
Cornes de cerfs.
Dents d'éléphans.
Draps et étoffes de laine.
Ecailles de tortue.
Espèces monnayées.
Etain.
Fanons de baleine.
Fret à faire par les navires.
Lettres à la grosse.
Macis.
Navires (corps, etc.).
Noix muscade.
Opium.
Pierres précieuses.
Pierres à fusil.
Rocou.
Rubans.
Safran.
Soieries.
Suif.
Thé.
Vif-argent.
Zinc.

Sont francs d'avarie jusqu'à dix pour cent les articles suivans :

Cacao en futailles.
Café en balles ou en sacs.
Cordages goudronnés.
Coton.
Garance.
Gingembre en barriques.
Gommes.
Noix de galles.
Piment en barriques.
Verdet.

Le réglement par séries est en usage à Hambourg, et les séries sont composées en général d'une valeur de 2 à 3,000 marcs banco.

Les cafés obtiennent ordinairement un réglement d'avarie par série de 50 balles, et la cochenille, l'indigo, la vanille, les objets manufacturés et toutes les marchandises riches sont assurés par série d'une seule balle ou caisse. Faute de marques ou de numéros, les séries sont établies d'après l'ordre du débarquement ; mais il est nécessaire pour cela de convenir d'avance de cet arrangement.

Les lois ou ordonnances et les usages de Hambourg admettent comme avaries grosses :

Les choses données par composition à titre de rachat du navire et des marchandises, ainsi que les marchandises enlevées par des corsaires n'appartenant à aucune nation ennemie, et sous promesses de paiement qui ne sont point acquittées ;

Le pansement et la nourriture des matelots blessés en défendant le navire, et l'indemnité à accorder aux veuves et aux orphelins de ceux qui ont été tués ;

Le loyer et la nourriture des matelots pendant la détention, quand le navire est arrêté en voyage par ordre d'une puissance ;

Les frais faits pour obtenir la délivrance de la cargaison seule, lors même que le navire n'était pas compromis, et ces frais sont supportés par la cargaison avec sa portion des autres charges d'avaries communes ;

Les dommages éprouvés par le navire, etc., et sa cargaison dans le cas d'une résistance heureuse contre des ennemis ou des pirates ;

Les frais qui résultent de la relâche du navire pour cause de voie d'eau ou d'autres dommages ; l'usage admet cependant que le navire supporte seul les frais de réparations ;

Les choses jetées à la mer ;

Les frais de quarantaine ou d'autres événemens inévitables ;

L'intérêt sur l'argent à la grosse, emprunté pour faire face aux dépenses en cas de détention ;

Les frais d'hivernage, s'ils ne proviennent pas de négligence ;

Le dommage ou la perte survenue aux objets mis sur des alléges pour alléger le navire et le mettre en état d'entrer dans un port ou dans une rivière, etc.

La cargaison contribue dans les avaries grosses, pour sa valeur d'après le prix de facture augmenté de tous les frais ou dépenses faits jusqu'à l'embarquement, la prime d'assurance non comprise ; mais les marchandises étant évaluées dans les polices, cette évaluation est prise pour base, déduction faite de la prime d'assurance, qui est toujours supposée y être comprise, ainsi que les dix pour cent pour profit espéré, lorsque la police exprime qu'il fait partie de l'évaluation, quoiqu'elle n'en détermine pas le montant.

Le navire contribue pour sa valeur réelle, estimée d'après l'état où il se trouve en arrivant de la mer.

Le montant des objets remplacés est ajouté à la valeur du navire, et l'usage est de déduire les gages en totalité, soit ceux payés avant le départ, soit ceux payables à l'arrivée, mais jamais ceux qui pourraient être restés dus sur le voyage d'aller.

Le fret contribue dans les avaries grosses pour toute sa valeur, déduction faite des gages de l'équipage, des frais de pilotage et de tous les frais considérés comme avaries particulières.

Les avaries grosses ne sont remboursées qu'autant qu'elles s'élèvent à trois pour cent de la valeur stipulée dans la police. Les frais du réglement de ces avaries ne sont point compris pour faire atteindre la quotité de franchise.

Les assureurs ne remboursent pas les avaries communes des effets chargés sur le pont.

Enfin, les avaries grosses sont réglées séparément avec les avaries particulières, c'est-à-dire qu'elles ne sont point cumulées.

L'usage a consacré d'estimer les objets jetés à la mer pour le salut commun, *Jet à la mer.* d'après leur coût primitif, en y ajoutant les frais d'embarquement et la prime d'assurance.

Lorsqu'un navire, sauvé par le jet, vient à se perdre en continuant son voyage, les marchandises échappées au dernier accident doivent contribuer en proportion de leur valeur, et déduction faite des frais de sauvetage et autres, au remboursement de la perte éprouvée par le propriétaire des effets qui ont été jetés à la mer.

Les munitions de guerre et de bouche sont exemptes de toute contribution au jet, quoique leur valeur doive être remboursée si elles sont jetées.

Dans le cas d'avaries particulières, l'assuré et l'assureur nomment chacun *Avarie* un courtier pour faire l'expertise de la marchandise; et si ces experts jugent *particulière.* que l'avarie atteint la quotité de franchise convenue, on procède à la vente publique, et l'avarie se compose de la différence entre le prix obtenu et celui qu'elle aurait valu étant saine.

Lorsque, sans y comprendre les frais, l'avarie particulière atteint la quo- *Paiement des* tité de la franchise stipulée dans la police, elle est remboursée en totalité. *avaries particulières.*

Les assureurs ne paient que la moitié du dommage survenu à un navire qui n'a ni échoué ni touché.

Tous les frais faits pour la conservation de la marchandise sont remboursés *Frais.*

quel que soit le degré d'avarie, excepté que les marchandises ne soient assurées franches d'avarie ; dans ce cas, l'assureur ne rembourse rien.

Pillage. — Les assureurs remboursent à l'assuré la valeur des objets pillés, lorsque cette valeur s'élève au-dessus de la quotité de franchise stipulée.

Marchandises n'arrivant pas à leur destination. — Dans le cas de perte totale, ou lorsque les marchandises sont rendues dans un lieu autre que celui de leur destination, cette perte ou ces dommages se calculent d'après les évaluations de la police.

Armes et munitions de guerre. — Les assureurs les assurent francs d'avaries ; mais les bombes et boulets sont exceptés et s'assurent francs d'avaries au-dessous de trois pour cent.

Bois. — Les bois en général jouissent d'une franchise d'avarie de trois pour cent ; mais les bois de teinture moulus et râpés, ainsi que le bois de sandal, ne s'assurent pas autrement que francs d'avarie.

Chanvre. — Lorsqu'il est assuré pour l'exportation, les assureurs garantissent l'avarie en jouissant d'une franchise de dix pour cent ; encore faut-il qu'il soit en quantité de 10,000 livres au moins. Dans le sens inverse, ou même lorsqu'il est destiné pour la France, on ne l'assure que franc d'avarie.

Cuirs. — Les cuirs salés, lorsqu'ils sont en barriques ; les cuirs secs et les cuirs tannés sont francs d'avarie au-dessous de dix pour cent, quoique la règle générale soit de n'assurer les cuirs et objets corroyés que francs d'avarie.

Drogueries en général. — L'arsenic, l'assa-fœtida, la camomille, la manganèse, le quinquina et la rhubarbe sont assurés francs d'avarie au-dessous de trois pour cent, et pour les autres drogueries, les assureurs sont francs d'avarie.

Fils de coton et de laine. — Les fils sont garantis par les assureurs francs d'avarie au-dessous de trois pour cent lorsqu'ils sont en barriques, et lorsqu'ils sont en balles, les assureurs jouissent d'une franchise de dix pour cent.

Grains et graines. — En payant une prime très-élevée, on peut obtenir de faire assurer les grains et graines et de faire garantir l'avarie avec une franchise de dix pour cent ; mais autrement ils s'assurent ordinairement francs d'avarie.

Laines — Les laines en général sont assurées franches d'avarie au-dessous de dix pour cent ; celles de Saxe jouissent seulement d'une franchise de trois pour cent, et celles de Danemark ne sont assurées ordinairement que franches d'avarie.

Lin. — Lorsque le lin est destiné pour la France et l'Italie, il n'est jamais assuré autrement que franc d'avarie.

Métaux en général. — L'argent en lingots, le cuivre en pains, l'étain, le fer en barre, l'or et le plomb en saumons jouissent généralement d'une franchise d'avarie de trois pour cent.

Le poivre en sacs est assuré franc d'avarie au-dessous de dix pour cent; mais lorsqu'il vient des ports d'Angleterre, cette franchise est réduite à trois pour cent. Poivre.

Lorsque le riz provient de l'Amérique ou du Portugal, les assureurs répondent de l'avarie quand elle atteint dix pour cent; celui qui provient d'Italie, lors même qu'il est en barrils, est toujours assuré franc d'avarie. Riz.

Les sucres bruts jouissent d'une franchise d'avarie de Sucres.

3 p. °/₀ pour les blancs. . . . . }	Expédiés des ports d'Europe ou de l'Amérique
5 p. °/₀ pour les blonds. . . . . }	septentrionale.
10 p. °/₀ pour les blancs. . . . }	Expédiés des Indes orientales et occidentales.
15 p. °/₀ pour les blonds. . . . }	

Ceux provenant de Fernambouc, Sainte-Croix et de Saint-Thomas ne sont ordinairement assurés que francs d'avarie. Enfin, dans le cas de réglement d'avarie, elle est fixée d'après la diminution du poids brut, ainsi que sur le sucre raffiné dit cassonade, dont la franchise d'avarie est de trois pour cent lorsqu'elle est blanche, et de cinq pour cent lorsqu'elle est brune.

Les assureurs ne répondent pas de l'avarie, excepté sur ceux du Brésil expédiés en surons du Portugal, et dont on peut faire garantir l'avarie avec une franchise de dix pour cent. Tabacs.

Les assureurs remboursent la moitié du dommage arrivé par suite des tempêtes ou coups de vent et lorsque l'avarie ne peut être imputée au dépérissement naturel du navire; les dommages survenus en forçant de voiles pour échapper à un danger imminent sont aussi considérés comme avaries particulières à la charge des assureurs. Avaries particulières sur corps.

Dans les comptes auxquels les avaries particulières au navire donnent lieu, on n'admet que les objets remplaçant ceux qui ont été brisés ou endommagés pendant le voyage assuré; et afin de compenser la différence du neuf au vieux, on déduit un tiers de la valeur de tous ces objets, les ancres exceptées. Différence du vieux au neuf.

Dans les voyages à prime liée pour l'aller et le retour, si le navire éprouve des avaries à diverses reprises, soit en allant, soit en revenant, soit enfin dans chacun de ces deux voyages, l'usage établi est de cumuler ces avaries, qui sont à la charge des assureurs lorsqu'elles atteignent ensemble la quotité de franchise. Voyages d'aller et retour.

Lorsqu'un navire est construit en sapin, si l'assuré ne l'a pas déclaré en faisant assurer, on ne lui rembourse que la moitié du dommage qui sera sur- Navire sur lest ou chargé de sel ou construit en sapin.

venu au corps, quille, etc. Il en est de même pour les navires naviguant sur lest ou bien chargés de sel.

Délaissement.

L'abandon peut être fait lorsque le navire ou les objets assurés ont été condamnés ou entièrement perdus.

Le défaut de nouvelles donne aussi lieu au délaissement après six mois révolus, pour les voyages des mers d'Europe jusqu'à la partie septentrionale de l'Afrique;

Après douze mois révolus, pour les voyages des États-Unis, de l'Amérique septentrionale, du golfe du Mexique et de la mer des Antilles;

Après dix-huit mois révolus, pour les voyages de la côte orientale de l'Amérique, depuis la rivière des Amazones jusqu'au cap Horn, et pour ceux de la côte occidentale de l'Afrique;

Après vingt-quatre mois révolus, pour les voyages dans l'Océan oriental ou mer des Grandes-Indes jusqu'au détroit de la Sonde;

Après trente mois révolus, pour les voyages au-delà du détroit de la Sonde et pour ceux de l'Océanie, de la Chine et de toute la mer du Sud ou Pacifique.

Ce n'est que deux mois après les termes ci-dessus qu'on peut adresser une réclamation aux assureurs.

Réglemens d'avaries grosses faits dans l'étranger.

Les réglemens d'avaries grosses faits en pays étrangers sont admis par les compagnies d'assurance, lorsqu'ils ont été dressés par des personnes ayant qualité pour cet effet.

Abordage fortuit.

Dans le cas d'abordage fortuit, le dommage doit être supporté au prorata comme toute autre avarie commune, par les deux navires, leurs frets et leurs cargaisons; mais l'armateur et les affréteurs du navire qui a été préservé ou qui a éprouvé le dommage le moins considérable, ne sont obligés à aucune restitution qui puisse dépasser la valeur de leur navire et de leur cargaison.

Commerce prohibé.

Le risque de confiscation pour cause de contrebande n'est garanti par les assureurs que dans un seul cas, c'est lorsque le navire échoue sur la côte d'un pays où la marchandise qu'il porte est prohibée, et qu'elle est confisquée par suite de cet échoûment.

Assurances sur fret et sur bénéfices espérés.

Les assurances sur fret et sur profits espérés ne sont point défendues à Hambourg; celles sur fret portent sur le fret brut, et pour celles sur bénéfices présumés, lorsque ce profit n'a pas été évalué dans la police, on le calcule à raison de dix pour cent sur la valeur de l'objet assuré. (*Voyez* la contribution aux avaries grosses.)

Quand l'objet sur lequel repose le profit espéré n'arrive pas à sa destination pour cause d'innavigabilité du navire, le montant du bénéfice espéré est considéré et remboursé comme perte totale, et les assureurs peuvent alors exiger l'abandon.

Dans le cas de dommage souffert par l'objet assuré sur lequel repose le bénéfice espéré, les assureurs ne remboursent que les avaries particulières.

Lorsqu'un navire assuré *franc de molestation* est obligé d'entrer dans un port ennemi, le risque est terminé au moment où il jette l'ancre ; le risque est de nouveau à la charge de l'assureur lorsque le navire peut reprendre son voyage pour son port de destination ; mais la prime est alors augmentée ordinairement de la moitié de la prime convenue primitivement.

Les pertes sont payées sans aucune retenue au porteur de la police, et aussitôt que la justification en est faite.

N. B. On obtient souvent des assureurs le remboursement des pertes quelques mois avant les termes fixés par les lois ou usages de Hambourg, mais on leur accorde alors une bonification de 1 à 2 pour cent.

S'il y a plusieurs polices d'assurances pour le même objet, les plus anciennes sont les seules valables jusqu'à la concurrence de la somme nécessaire pour couvrir les objets qu'on veut faire assurer, et dans le cas de ristournes pour excédant de la valeur des objets sur lesquels repose l'assurance, les assureurs restituent la prime en proportion sous la retenue de demi pour cent, lorsque la prime est d'un pour cent et au-dessus ; ladite retenue réduite à un quart pour cent, la prime étant au-dessous d'un pour cent.

Un ordre de faire assurer n'arrivant pas du lieu d'où s'effectue le départ du navire sur lequel on propose les risques, il faut exprimer dans la police de quelle manière l'ordre a été transmis ; sans cela le contrat est de nulle valeur.

Les polices d'assurance à Hambourg sont frappées d'un droit de timbre d'un schelling par cent marcs banco, c'est-à-dire environ demi pour cent, et ce droit est réduit à la moitié lorsque la prime est au-dessous d'un pour cent, et la somme assurée au-dessus de 20,000 marcs.

La loi fixe le courtage d'assurance à un quart pour cent sur la somme assurée, et ce courtage devrait être payé moitié par l'assuré, moitié par l'assureur ; mais l'usage a consacré que l'assureur ne paie un huitième pour cent que lorsque la prime est au-dessus de 2 pour cent ; et quand la prime est de 2 pour cent ou au-dessous, il ne paie qu'un seizième pour cent, tandis que l'assuré paie dans tous les cas un huitième pour cent.

BILLETS DE GROSSE.

Le capitaine ne peut emprunter de l'argent à la grosse que lorsqu'il n'a pu en obtenir sur ses traites. Il lui est aussi permis, pour se procurer de l'argent, de vendre une partie de la cargaison s'il n'en résulte pas une perte plus considérable que le montant de la prime de grosse qu'il aurait dû payer. Le prêteur à la grosse est affranchi des avaries grosses et particulières; mais si l'objet hypothéqué arrive à sa destination, endommagé par l'eau de mer, ou bien avec des avaries grosses à sa charge, le prêteur n'a aucun recours personnel contre l'emprunteur, et son droit ne s'exerce que sur ce qui reste de ce même objet, déduction faite des charges privilégiées, telles que contributions aux avaries grosses, aux frais de sauvetage, aux gages, etc. Si le capitaine ou l'armateur ont remboursé les créanciers privilégiés, ils sont mis en leur lieu et place, et doivent être payés avant le prêteur.

HAVRE.

Nous soussignés, négocians en cette ville française du Havre-de-Grâce, reconnaissons avoir pris à nos risques, périls et fortunes, de vous, M........ ce acceptant, les sommes que chacun de nous aura ci-dessous signées, pour en supporter, pendant le voyage ci-après spécifié, les pertes et dommages qui pourront arriver sur les effets qui y seront énoncés pendant le cours d'icelui, aux clauses et conditions suivantes :

Détail des risques garantis par les assureurs

Art. 1er. Toutes pertes et dommages qui arriveront aux objets par nous assurés, soit par tempête, naufrage, échoûment, abordage fortuit, relâches forcées et changemens forcés de route, de voyage ou de vaisseau, baraterie de patron, par jet, feu, et généralement par toutes autres fortunes de mer, seront à nos risques. Nous sommes aussi garans de tous risques de capture légale ou illégale, pillage ou molestation de la part des sujets de tous peuples ou puissances non reconnus du gouvernement français, lors même que ces sinistres auraient lieu en vertu de commissions ou de lettres de marque; garantissons également tous pillages, arrêts ou captures des sujets des puissances barbaresques, hors le cas de guerre.

Art. 2. Sont exceptés tous risques résultant de prise et d'arrêt par ordre de puissance étrangère, déclaration de guerre, hostilités ou représailles, approuvées ou ordonnées par ou contre la puissance sous le pavillon de laquelle la présente est faite, et tous les événemens qui en pourront résulter. *Risques de guerre.*

Art. 3. Nous, assureurs, déclarons vous garantir et indemniser des pertes ou dommages qui pourront arriver aux objets par nous assurés par les causes énoncées aux articles précédens, parce que vous, sieur assuré, serez tenu de nous payer la prime au profit des risques de la présente assurance, suivant qu'elle sera ci-après convenue et arrêtée. *Prime.*

Art. 4. Il est convenu que s'il arrive perte ou avarie aux effets, navire et marchandises sur lesquels nous courons, nous paierons à vous, sieur assuré, les sommes qui se trouveront être dues, trois mois après la perte constatée ou l'avarie réglée. *Paiement des pertes et avaries.*

Art. 5. Dans le cas d'avaries grosses ou communes, tant sur le navire que sur les marchandises, nous ne paierons que l'excédant de trois pour cent. *Franchise d'avaries grosses.*

Art. 6. Dans le cas d'avaries particulières sur le navire, nous ne paierons que l'excédant de trois pour cent. *Franchises d'avaries particulières sur corps.*

Art. 7. Les avaries grosses et particulières ne pourront jamais être cumulées : elles seront réglées séparément, et les retenues seront faites sur chaque espèce d'avarie, et exercées sur la totalité des sommes assurées sur chaque objet. *Avaries grosses et particulières non cumulées.*

Art. 8. Il ne sera admis dans les comptes auxquels les avaries particulières au navire donneront lieu, que les objets remplaçant ceux brisés ou endommagés pendant le voyage assuré; et de tous les ouvrages de cette nature (les ancres exceptées), il sera déduit le tiers, pour compenser la différence entre le neuf et le vieux. *Il est bien entendu qu'il ne sera fait aucune déduction pour ce qui concerne la main-d'œuvre de calfats, charpentiers, fournitures d'étoupes, brais, goudrons, etc., et qu'elle ne sera exercée que sur le remplacement des cordages, voiles, bois, mâtures, et autres objets sujets à dépérissement.* *Réglement des avaries particulières au corps, etc.*

Art. 9. Dans le cas d'avaries particulières sur les marchandises, nous ne paierons que l'excédant fixé dans le tableau qui suit. *Franchises d'avaries particulières sur marchandises.*

3 p. % SUR LES OBJETS SUIVANS.	5 p. % SUR LES OBJETS SUIVANS.	10 p. % SUR LES OBJETS SUIVANS.		15 p. % SUR LES OBJETS SUIVANS.
Bœuf et lard salés.	Cacao } Café } en sacs.	Alizari.	Poissons.	Fruits.
Beurre.	Epice de toute es-	Alun.	Potasse et perlasse.	Graines et gre-
Cacao } Café } en fûts.	pèce en sacs.	Amidon.	Riz en sacs.	nailles.
Cochenille.	Farine en barils.	Anis.	Soude.	Salpêtre.
Cordage.	Fromages.	Blé en sacs et en	Sucre de toute es-	Sels.
Coton.	Indigo.	vrac.	pèce en sacs.	
Laines lavées.	Quercitron.	Biscuits en fûts.	Sumac.	
Légumes secs.	Riz en fûts.	Café en vrac.		
Epices de toute	Rocou.	Cendres de varek ou		
espèce en fûts.	Sucres en fûts.	de tabac.		
Savon.	Tabacs.	Chanvre.		
Suif.		Couperose.		
Soufre.		Cuirs.		
Thés et autres mar-		Farines en sacs.		
chandises sèches		Fleur de soufre.		
non désignées.		Fruits secs.		
		Gomme.		
		Lins.		
		Livres.		
		Papier.		
		Peaux.		

Art. 10. Il est convenu qu'en cas d'avaries particulières sur les marchandises non désignées au tableau ci-dessus, les retenues seront exercées comme sur celles avec lesquelles elles auront le plus de rapport.

Avaries sur les liquides et sur les objets fragiles, etc.

Art. 11. En cas d'avaries sur les liquides ou autres marchandises sujettes à coulage, nous ne paierons que l'excédant de dix pour cent, outre le coulage ordinaire dont nous sommes exempts.

Art. 12. Seront francs d'avaries, les instrumens de musique, les glaces, les verreries, les porcelaines, vins en caisse et autres marchandises fragiles et sujettes à la rouille.

Délaissement pour cause de bris.

Art. 13. Il est bien entendu et convenu qu'en cas d'échoùment avec bris, le délaissement sur les marchandises ne pourra être fait qu'autant qu'elles seront détériorées au moins des trois quarts de leur valeur sur le prix de la facture.

Navires faisant la pêche; réglement de leurs avaries.

Art. 14. Il est convenu qu'en cas d'avaries particulières sur les navires faisant les voyages de la pêche au grand banc, les bancs de Miquelon, ainsi que ceux faisant les voyages de la pêche à la côte de Terre-Neuve, outre la part des câbles, ancres et ustensiles de pêche, résultant du mouillage des navires auxdits lieux, dont nous assureurs sommes exempts, nous ne paierons que l'excédant de dix pour cent sur les sommes assurées.

Art. 15. Dans le cas où le navire, pendant le cours de son voyage, serait forcé de relâcher dans un port quelconque pour s'y réparer, ou pour quelque cause que ce puisse être, les frais et dépenses que sa relâche occasionera ne pourront être réglés qu'à la fin du voyage, parce que si le navire était pris ou perdu avant d'être de retour au port de sa destination, les avaries souffertes par le navire ou autres objets assurés pendant le cours du voyage ne seront plus à la charge des assureurs, qui ne pourront jamais rien payer au-delà des sommes assurées.

Règlement des frais et dépenses pour cause de relâches forcées.

Art. 16. Il est convenu que dans le cas où l'assurance serait faite en prime liée sur un navire destiné pour les Indes orientales ou occidentales, il sera accordé au capitaine, soit en temps de paix, soit en temps de guerre, huit mois de séjour à compter du jour où il aura abordé dans un port de la colonie, où il fera la vente de sa cargaison, ses recouvremens, ses achats et chargement en retour, parce qu'à l'expiration de ce terme il sera payé aux assureurs une augmentation de demi pour cent pour chaque mois de séjour, en sus, jusqu'à douze mois, après lequel temps les assureurs seront déchargés de tous risques, tant sur le navire que sur les marchandises, et la prime leur sera acquise en proportion des risques qu'ils auront courus, c'est-à-dire les deux tiers de la prime liée, arrêtée par la police; plus celle à laquelle auront donné lieu les mois de séjour à l'endroit où il aura fait sa vente et négociation.

Voyages à prime liée, dans les Indes.

Art. 17. En cas *de ristourne*, en prime simple, elle aura lieu sous la retenue d'un quart pour cent.

Ristournis

Art. 18. En cas de perte sans nouvelles dudit navire, le remboursement sera effectué pour les voyages *en dedans des caps Horn et de Bonne-Espérance*, après un an révolu de la date du départ ou du jour auquel se rapportent les dernières nouvelles reçues; et pour ceux au-delà desdits caps, dix-huit mois après les époques desdites dernières nouvelles; lequel remboursement aura lieu en mandats payables à trois mois du jour de la demande qui en sera faite par vous sieur assuré; dérogeant à cet effet à l'art. 375 du Code de commerce, titre 10 des Assurances; et en se conformant aux dispositions de l'art. 373 du même Code, sur les délais à observer pour le délaissement après l'expiration dudit délai.

Délaissement pour défaut de nouvelles.

Art. 19. Il est convenu que nous, assureurs, sommes exempts des frais de quarantaine, le cas échéant, parce que dans le cas où les navires destinés

Risques de quarantaine et frais.

pour le Havre seraient tenus d'aller au lieu dit *Le Hoc*, pour y faire quarantaine, nous, assureurs, courons le risque d'aller, séjour et retour, moyennant un et demi pour cent de prime d'augmentation ; et s'il fait sa quarantaine dans un des ports de la Manche, sur la rade du Havre, ou en pleine mer, nous en courons également les risques, moyennant seulement un pour cent d'augmentation, laquelle augmentation sera acquittée avec le billet de prime.

ART. 20. Il est également convenu que nous entendons être exempts des confiscations pour raison de commerce clandestin et des risques résultant d'icelui.

ART. 21. Dans le cas d'estimation, soit sur corps, soit sur denrées, marchandises ou espèces, nous vous dispensons, en cas de sinistre, de représenter d'autre pièce justificative de la valeur agréée par la police.

ART. 22. Les risques sur *corps* commencent du moment où le navire a commencé à prendre charge, ou, à défaut de chargement, de celui où il a fait voile ; ils continuent pendant tout le voyage assuré, et ils se terminent vingt-quatre heures après l'arrivée du navire au lieu de destination, et qu'il y aura amarré ou ancré à bon sauvement.

ART. 23. Les risques sur *marchandises*, denrées ou espèces, commencent au moment de leur embarquement, et finissent après leur mise à terre au lieu de destination. En cas d'assurance en prime liée, ils continuent sur les objets substitués aux premiers jusqu'à concurrence de la somme assurée.

ART. 24. Les risques de transport par barques, bateaux, chaloupes, canots ou autres alléges, pour le transport immédiat de bord à terre, et de terre à bord, sont dans tous les cas à la charge de nous assureurs.

ART. 25. Nous vous dispensons de courir risque du dixième de la valeur assurée.

ART. 26. S'il arrive quelque contestation pour l'exécution des clauses de la présente police, elles seront réglées par deux négocians de la place, qui seront nommés à cet effet, savoir : un par vous, sieur assuré, l'autre par nous dits assureurs, lesquels, avant de prendre connaissance de l'affaire qui sera soumise à leur jugement, s'adjoindront un tiers-arbitre, aussi négociant de la place, lesquels prononceront à la pluralité des voix sur l'objet en contestation, nous obligeant de nous en rapporter au jugement porté, à peine de *cinquante francs*, que le contredisant sera obligé de payer aux pauvres de l'hôpital général de cette ville auparavant aucun pourvoi ni répétition de

deniers; et pour ce que tout dessus, vous et nous promettons suivre et exécuter les dispositions du Code de commerce, titre 10 des Assurances, et nous
conformer aux articles de l'ordonnance de 1681, titre 6, ainsi qu'à ceux de
la déclaration du roi du 17 août 1779, sur les points sur lesquels le Code
aurait pu ne pas statuer.

Lesquels risques nous avons pris sur bonnes ou mauvaises nouvelles, renonçant réciproquement à la lieue et demie par heure, de vous, M......

NOTES.

On peut faire assurer au Havre une somme d'environ 130,000 fr.
Le courtage de un pour mille est à la charge des assurés.

LISBONNE.

La compagnie d'assurance appelée...... par l'intervention de ses associés et directeurs ci-dessous désignés, et ayant pleins pouvoirs, assure à.....

Pour garantir les risques de quelque espèce qu'ils soient, sur *les marchan-* *Durée des risques sur corps et sur facultés.*
dises, du moment que l'embarquement aura lieu du rivage pour être con-
duites à bord du navire, jusqu'à ce que lesdites marchandises soient mises à
terre au lieu de destination et sur *le corps, les agrès et apparaux du navire*,
depuis le moment où il lèvera la première ancre pour mettre à la voile jusqu'à
ce qu'il soit arrivé dans le lieu où finit son voyage, et y rester vingt-quatre
heures, à compter du moment où il aura été ancré.

Les risques que nous prenons à notre charge sont ceux de la mer, des *Risques garantis par la compagnie.*
vents, des tempêtes, voyages, échoûmens, abordages, changemens forcés
de route, de naufrage ou de navire, ceux des allèges, du feu, de prise, pillage, représailles, détention de princes, déclaration de guerre, et tous les
cas prévus ou imprévus qui peuvent porter préjudice à l'assuré.

La baraterie du patron et l'abandon des marchandises assurées ne sont *Risques non garantis.*
point à la charge de la compagnie.

Naufrage ou échoûment.

Dans le cas de naufrage ou échoûment, la compagnie donne plein pouvoir à l'assuré, et à défaut dudit assuré ou de son mandataire, à toute autre personne, pour sauver et prendre soin des marchandises assurées, les faire transporter pour son compte et risques au lieu de destination, et s'il est nécessaire ou avantageux, les susdits pourront les vendre, et envoyer le produit net à la compagnie, pour son compte et à ses risques.

La compagnie prend l'engagement d'approuver les comptes qui lui seront remis à cet égard, lesdits comptes étant clairs, assermentés et signés par le mandataire, quel que soit celui qui aura été chargé de ces opérations, et soit que ces comptes soient remis directement à la compagnie, soit qu'elle les reçoive par l'intermédiaire de l'assuré, qui dans ce cas devra présenter les originaux en jurant qu'ils sont les mêmes qu'il a reçus.

Réglement des pertes et des avaries.

Dans le cas de perte (que Dieu préserve), la compagnie paiera promptement et aussitôt que les comptes lui seront présentés, savoir :

Pour la perte totale, quatre-vingt-dix-huit pour cent ;

L'avarie grosse, sans aucune déduction.

L'avarie particulière sera composée de la différence entre la marchandise détériorée et ce qu'elle aurait valu en arrivant saine.

Enfin, l'avarie générale sera réglée en comparant la valeur actuelle avec la première valeur, en y comprenant tous les frais qui *constent* d'après les factures originales qui seront assermentées.

La compagnie oblige tous ses biens et ceux de ses associés, etc., etc., pour l'entière exécution du présent contrat, etc., et la prime pour cette assurance a été fixée à......

Lisbonne, le

NOTES.

Les assureurs n'admettent jamais l'abandon ; et la baraterie de patron n'étant pas garantie, cela donne lieu à beaucoup de difficultés dans les cas de sinistres.

Les avaries grosses ou communes, et les avaries particulières, sont réglées séparément et par des arbitres nommés de part et d'autre.

Anciennement on a fait couvrir jusqu'à 60,000,000 de réaux sur un navire ; aujourd'hui les assureurs auraient de la peine à couvrir entre eux 30 à 40,000 réaux.

LIVOURNE.

L'imprimé des polices d'assurances maritimes en usage sur cette place est le même que celui des polices de Gênes, c'est-à-dire qu'il relate les risques qui sont garantis à teneur du Code de commerce, titre X, auquel on se rapporte entièrement pour l'exécution du contrat.

NOTES.

Les assureurs sont francs de toutes les avaries sur le corps, agrès, apparaux, etc., des navires. *(Assurances sur corps.)*

Le jet à la mer se règle en avarie grosse ou générale. *(Jet à la mer.)*

Les assureurs sont francs d'avaries particulières sur le sel, le tabac, les grains, et autres articles sujets à se détériorer par leur vice propre, et l'avarie générale n'est remboursée qu'au-dessus de cinq pour cent. *(Avaries particulières et règlement de l'avarie générale.)*

Les assureurs ne répondent point du bris des objets fragiles et du coulage des liquides, sauf le cas de bris ou échoûment, et sur *les cuirs, peaux de lièvre, laines, coton, opium;* l'usage de la place leur accorde une franchise d'avarie de dix pour cent.

Les pertes sont remboursées à Livourne trois mois après que la notification en a été faite aux assureurs, et sous la déduction de trois pour cent d'escompte. *(Paiement es pertes.)*

Le droit de registre à la charge de l'assuré est de demi pour mille sur le capital assuré. *(Frais à la charge de l'assuré.)*

On peut faire assurer à Livourne environ 45,000 piastres par navire, soit environ 225,000 francs.

LONDRES.

AU NOM DE DIEU, AMEN.

Aussi bien en. . . . . . propre nom que pour et au nom et aux noms de toute et chaque personne ou personnes qu'il appartient, appartiendra ou pourra appartenir en partie, en totalité, fait assurance et fait assurer. . . . . . eux et chacun d'eux, perdu ou non perdu à. . . . . . et de. . . . . . sur quelque espèce d'effets et de marchandises que ce soit, et aussi sur le corps, cordages, apparaux, canons, munitions, artillerie, chaloupes et autres approvisionnemens du et dans le bon navire ou vaisseau appelé. . . . . . dont est maître pour le présent voyage. . . . . . ou qui que ce soit qui ira pour maître dans ledit navire, ou sous quelque autre nom ou noms que ledit navire ou le maître d'icelui soit ou vienne à être nommé ou appelé.

Durée des risques. Le risque sur lesdites marchandises commençant depuis le moment de leur chargement à bord dudit navire à. . . . . . sur ledit navire et. . . . . . et ainsi continuera et durera pendant son séjour audit lieu, sur ledit navire, et de plus, jusqu'à ce que ledit navire, avec toute son artillerie, cordages, apparaux, etc., et les effets et marchandises quelconques, sera arrivé à. . . . . . sur ledit navire, etc., jusqu'à ce qu'il ait mouillé ses ancres pendant vingt-quatre heures en toute sûreté, et sur les effets et marchandises jusqu'à ce qu'ils aient été déchargés et mis à terre en sûreté; et il sera loisible audit navire, etc., dans ce voyage-ci, de se diriger et faire voile pour, et de toucher et séjourner à tous ports et lieux quelconques. . . . . . sans préjudice à la présente assurance.

Évaluation. Ledit navire, effets et marchandises, etc., pour autant qu'ils concernent les assurés, par accord entre les assurés et les assureurs dans la présente police, sont et seront évalués à. . . . . .

Risques garantis par les assureurs. Quant aux risques et périls que nous, assureurs, consentons à courir, et que nous prenons sur nous dans ce présent voyage, ce sont ceux de la mer, des vaisseaux de guerre, du feu, des ennemis, pirates, corsaires, voleurs, jet, lettres de marque et de contremarque, surprises, saisies en mer, arrêts, embargo et détentions de tous rois, princes et peuple de quelque nation, condition ou qualité que ce soit, baraterie de patron et de matelots, et tous autres périls, pertes et malheurs qui ont tourné ou tourneront au préjudice, détriment ou dommage desdits effets et marchandises, et dudit navire, etc., ou de partie quelconque d'icelui ou d'iceux, excepté les offenses contre les revenus du royaume uni de la Grande-Bretagne et de l'Irlande.

Et en cas de perte ou sinistre, il sera loisible aux assurés, leurs agens, serviteurs, ou ayans-cause, de plaider, travailler et voyager pour, dans et concernant la défense, sauve-garde et recouvrement desdits effets et marchandises, et dudit navire, etc., ou de partie d'iceux, sans préjudice à la présente assurance, aux frais de quoi nous, assureurs, contribuerons, chacun au prorata de la somme par lui assurée dans la présente police. Autorisation aux assurés dans le cas de perte ou sinistre

Il est convenu par nous, assureurs, que le présent acte ou police d'assurance aura la même force et le même effet que le plus sûr écrit ou police d'assurance qui ait jusqu'ici été fait dans *Lombard street* ou à *la Bourse*, ou toute autre part à Londres, et ainsi, nous, assureurs, sommes satisfaits, et par les présentes promettons et nous engageons chacun pour notre part, nos héritiers, exécuteurs testamentaires et nos propriétés, envers les assurés, leurs exécuteurs testamentaires, fondés de pouvoir et ayans-cause, pour l'exécution ponctuelle de ce qui précède, déclarant avoir reçu des assurés le dédommagement qui nous est dû pour la présente assurance à raison de...... Conclusion et reçu de la prime.

En témoignage de quoi, nous, assureurs, avons souscrit nos noms et les sommes assurées à......

MEMORANDUM.

Les assureurs sont francs d'avaries sur les grains, le poisson, le sel, les fruits, les farines et les graines, à moins qu'elle ne soit générale ou que le navire ne soit échoué.

Le sucre, le tabac, le chanvre, le lin, les cuirs et peaux, sont garantis francs d'avarie au-dessous de cinq pour cent; et toutes les autres marchandises, comme aussi le navire et le fret, sont garantis francs d'avaries au-dessous de trois pour cent, à moins qu'elle ne soit générale ou que le navire ne soit échoué.

NOTES.

Les polices d'assurances, les conditions et usages sont les mêmes à Liverpool, Bristol, Glascow et Dublin.

NOTES SUR LES ASSURANCES MARITIMES A LONDRES.

Le post-scriptum, *soit Memorandum* des polices de Londres, ne fait pas mention de *quelques autres risques spéciaux* que les lois anglaises ne mettent pas à la charge des assureurs, tels que *le coulage et le bris* des objets fragiles dont le dommage n'est remboursé qu'autant que le navire a échoué, et qu'il est présumable que ce dommage provient du choc que le navire a éprouvé en échouant.

Le *riz* ne fait point partie des facultés comprises dans ce *post-scriptum* sous le nom générique *grains*, qui s'applique cependant aux pois, *fèves*, *drèche*, etc., et le salpêtre ne doit pas être confondu avec le sel.

Tabacs — Lorsque le tabac est assuré des lieux de culture, il est d'usage d'admettre la clause « *en cas d'avarie, cinq pour cent sur la somme assurée seront déduits de l'avarie.* » Cette clause est de rigueur sur le tabac de Virginie, qui, étant généralement emballé vert, est fort sujet à s'échauffer.

Fret. — Les lois anglaises admettent les assurances sur fret et sur profits espérés.

Abandon. — Aucun terme n'est fixé en Angleterre pour faire abandon aux assureurs *lorsqu'on est privé de nouvelles de son navire, et qu'on doit le considérer comme totalement perdu.* Ce n'est en général qu'après avoir mûrement examiné les circonstances, et lorsqu'on peut avec raison désespérer de l'arrivée du navire, que les assureurs se décident à payer la totalité. Enfin il ne suffit pas ordinairement, et comme dans d'autres pays, qu'il y ait bris du navire, et que les marchandises éprouvent par les événemens de mer une perte de la moitié et même des trois quarts de leur *valeur, pour étre autorisé à faire abandon aux assureurs;* il faut en général (*mettant les risques de capture à part*) qu'il y ait perte totale de l'objet assuré, c'est-à-dire son entière destruction. Mais si les assurés sont privés de cette faculté, ils la retrouvent en partie dans l'admission et le remboursement des *pertes partielles* dont voici un exemple.

Sur une partie de vingt-cinq caisses sucre, une ou plusieurs caisses sont complètement vides, par suite des événemens de mer, et les autres sont avariées; les assureurs de Londres remboursent en entier la valeur des caisses vides et l'avarie du solde de la partie est réglée séparément. Il en est de même pour d'autres accidens extraordinaires, auxquels le navire est sujet, tels que le dommage par abordage fortuit, la perte des bateaux enlevés par la mer, le pillage ou dommage en conséquence de prise, etc.

Ces avaries comprennent toutes pertes par jets sur preuves suffisantes, dommage fait au chargement ou au navire, pour effectuer le jet, ancres et câbles perdus par démarrages forcés ou mâts coupés pour éviter un plus grand péril, voiles, cordages ou autres usés pour arrêter une voie d'eau; les frais pour placer de nouveaux mâts, et tout ce qui est nécessaire pour le salut commun. Les avaries grosses comprennent encore la perte sur une partie quelconque du chargement vendue pour mettre le navire à même de poursuivre son voyage, le pilotage par relâche forcée, les frais de débarquement de la cargaison, soit pour raccommoder le navire ou pour le mettre à flot en cas d'échoûment, les frais encourus pour obtenir le relâchement d'un navire injustement détenu, les gages d'ouvriers pour alléger un navire par ses pompes, après avoir fait une voie d'eau, tous les frais extraordinaires encourus pour le bien général en entrant dans un port pour relâche forcée, toutes sommes accordées aux navires, bateaux, pilotes, etc., pour avoir amené dans un port en sûreté le navire en détresse.

N. B. Le sauvetage accordé par les lois anglaises à un navire du roi est d'*un huitième*, et celui accordé à un navire portant lettres de marque est d'*un sixième*.

Enfin l'intérêt sur l'argent emprunté à la grosse pour relâche forcée ou réparations du navire fait aussi partie de l'avarie grosse, comme toutes les dépenses motivées sur le bien et le salut commun du navire et des marchandises.

La cargaison, le navire et le fret contribuent tous au réglement de l'avarie grosse, au prorata de leur valeur déterminée, comme suit : *la cargaison*, pour ce qu'elle vaut au lieu de reste, déduction faite du fret, des droits et frais de débarquement; ou, s'il y a eu jet à la mer, les marchandises jetées sont évaluées comme si elles fussent arrivées à bon port.

Le navire est évalué d'après ce qu'il valait, avec ses mâts, voiles et apparaux, avant le sacrifice fait.

Le fret contribue d'après son entier montant, déduction faite des gages des matelots.

Lorsque par naufrage ou autres périls de la mer, le navire se trouve empêché de continuer son voyage, et lorsque le chargement est vendu en entier ou en partie dans un endroit autre que son port de destination, afin d'éviter une perte majeure ou totale, quoique le délaissement ne soit pas formellement annoncé aux assureurs, on procède sur ce principe, et l'assureur paie à l'assuré la perte totale, moins la somme produite par les marchandises sauvées ; ou bien lorsque les marchandises arrivent au lieu de leur destination et endommagées par les événemens de mer, l'avarie est réglée par une comparaison du prix du marché de la marchandise, en la supposant arrivée en bon état, avec le prix qu'elle a obtenu en arrivant endommagée, fait qui s'établit généralement par une vente publique.

Les documens qu'on exige pour constater ces faits sont :

1° *Un certificat signé par deux personnes compétentes, et prouvant que le dommage provient de l'eau de la mer ;*

2° *Un certificat par experts, de la valeur de la marchandise, en la supposant arrivée en bon état ;*

3° *Le procès-verbal de la vente publique des marchandises avariées.*

La comparaison des deux objets ci-dessus *sains* ou *avariés* est faite sur le brut de l'un et de l'autre.

Les frais extraordinaires causés par les marchandises endommagées sont payés en entier par les assureurs.

Enfin lorsque l'avarie excède la franchise, les assureurs en paient la totalité sans déduction de franchise.

On obtient facilement à Londres les réglemens d'avaries par séries de numéros de caisses, balles, barriques, etc., et sur chaque marque ou espèce de marchandises composant une cargaison, et les assureurs consentent même à régler l'avarie sur chaque colis séparément, lorsqu'il s'agit de marchandises riches.

Preuves du chargé et de la valeur des facultés.

Il ne faut jamais négliger, autant qu'on le peut, de désigner et de déclarer dans les polices, les marques, numéros, et même la description d'emballage des marchandises assurées, et l'on peut (*en ayant soin de le faire annoncer dans la police*) ajouter à leur valeur un bénéfice imaginaire ; l'on évite ainsi toute contestation ou exhibition de facture, en cas de perte, la preuve de l'intérêt ne consistant alors que dans la présentation du connaissement.

Risque de guerre.

Quoique les polices de Londres déclarent garantir le risque de guerre, il est très-essentiel de remarquer que dans le cas de *prises faites par navires anglais, les assureurs ne sont point tenus de les rembourser lorsque l'assurance concerne des sujets appartenant à la nation avec laquelle l'Angleterre est en guerre.*

Le droit de ristourne est fixé à un demi pour cent; mais quoiqu'il soit ac-quis par les assureurs, ils consentent quelquefois à l'abandonner; il faut bien remarquer à l'égard des ristournes *que la priorité des dates des polices n'est pas reconnue par les assureurs de Londres, c'est-à-dire que dans le cas d'assurances faites à double à Londres et ailleurs, ou pour une somme plus forte que la valeur des objets chargés,* quelle que soit l'issue du voyage du navire assuré, ils entendent figurer *dans la police, au prorata de leurs signatures,* et *par conséquent ils établissent la ristourne sur toutes les polices.*
Ristourne.

Le timbre royal des polices est de 2 s^{ch} 6 d. pour cent, soit 1/8 pour cent sur la somme assurée, lorsque la prime est-au-dessous de 1 pour cent; et ce timbre est double, c'est-à-dire de 1/4 pour cent lorsqu'il s'agit d'une prime au-dessus de 1 pour cent.
Frais des polices.

Les primes se règlent en billets à trois mois.
Paiement des primes.

N. B. On peut faire assurer à Londres telle somme qu'on désire.

RÉGLEMENT DES PERTES ET AVARIES SUR CORPS.

Les assureurs garantissent tous les dommages ou pertes provenant de for-tune de mer, soit que ce dommage soit occasioné par un échoûment ou toute autre cause.

Lorsque la perte provient du dépérissement naturel du navire, ils ne sont point tenus à rembourser la perte.
Vieux navires.

Les avaries souffertes par un navire en forçant de voiles pour éviter un danger imminent sont à la charge des assureurs, et sont réglées comme avaries particulières.
Avaries particulières.

On règle séparément les avaries particulières qu'un navire éprouve à diverses reprises dans le même voyage, et les assureurs ne remboursent que celles qui atteignent le franchise de 3 pour cent.

Sauf le cas de négligence prouvée du capitaine ou de l'équipage du navire assuré, le dommage causé par l'abordage fortuit et inévitable d'un autre navire est à la charge des assureurs.
Abordage fortuit.

Les gages et entretien de l'équipage pendant les réparations dans un port de relâche, ne sont pas à la charge des assureurs.
Gages de l'équipage.

Réparations au navire.

L'armateur supporte le tiers des frais de la réparation du navire et du remplacement des objets perdus, lorsque le navire, ses agrès ou apparaux ne sont pas absolument neufs. Les ancres sont le seul objet qui n'éprouve pas cette réduction du tiers de la valeur.

Les frais de peinture sont à la charge des assureurs lorsqu'il est prouvé que le navire était fraîchement peint.

Réassurances.

Il a été décidé en Angleterre que les réassurances même pour compte étranger ne sont point légales; en conséquence elles ne peuvent avoir lieu que par police d'honneur.

LUBECK.

Les polices et les conditions en usage sur la place de Lubeck pour les assurances maritimes, sont entièrement semblables à celles de Hambourg.

MARSEILLE.

Au nom de Dieu, qu'il conduise le tout a bon sauvement.

Détail des risques garantis par les assureurs.

La présente assurance est faite sur les risques que les assureurs soussignés prennent à leur charge, et qui consistent en toutes pertes et dommages qui arriveront aux objets assurés par tempête, naufrage, échoùment, abordage fortuit, changemens forcés de route, de voyage ou de navire; par jet, feu, prise, pillage, ou soit piraterie, arrêt par ordre de puissance, connu sous le nom d'*arrêt de prince*; par déclaration de guerre, hostilités, représailles, et généralement par toutes autres fortunes de mer; enfin, et par convention

expresse, par les prévarications et fautes du capitaine et de l'équipage, connues sous le nom de *barateries de patron,* mais seulement pour ce dernier
cas, lorsque l'assurance est faite sur un navire avec expéditions et pavillon
français.

Les risques commencent sur le corps, agrès, apparaux, armement, avituaillement, du jour où le navire prend charge ; sur les facultés et marchandises, conformément au Code de commerce. Ils continuent jusqu'à l'heureuse arrivée au lieu de reste, où le risque, tant sur le corps, agrès, apparaux, armement et avituaillement, que sur les facultés, ne cesse qu'après
l'entier déchargement des marchandises mises à terre à bon sauvement. Permis au capitaine de toucher et faire échelle tant forcée que volontaire, par-
tout où bon lui semblera d'alléger, transborder et recharger dans les fleuves
et rivières, de même que pour l'entrée et la sortie des lazarets.

En cas de sinistre ou perte des objets assurés, que Dieu ne veuille, chacun
desdits assureurs paiera audit assuré ou au porteur de la présente, sans pouvoir en exiger ni ordre ni procuration, sous l'escompte de trois pour cent, la
somme ou les sommes par lui assurées, et ce, un mois après la signification
du sinistre ou perte, ou après le délaissement aux formes de droit, des objets
assurés.

Les assurés justifieront du chargé, par connaissemens ou toutes autres
pièces ; et de la propriété au corps par quelque pièce que ce soit, publique
ou privée : ils ne seront point tenus de la justification de la valeur du corps,
des agrès, apparaux, etc., etc., attendu l'évaluation qui en a été consentie de
gré à gré entre les parties, laquelle évaluation tiendra lieu de capital en tout
temps et en tous lieux, de la valeur dudit navire prêt à mettre à la voile, sans
être jamais tenu à aucun rapport de fret, lequel demeurera acquis au propriétaire. Déclarant tout faire assurer, la prime, les primes des primes et
l'escompte.

La présente assurance est faite sur bonnes et mauvaises nouvelles, les
parties renonçant à la lieue et demie par heure.

Les avaries grosses ou communes et les avaries particulières sont suppor-
tées et payées par les assureurs, lorsqu'elles excèdent :

1º Dix pour cent sur les facultés, et cinq pour cent sur le corps, pour les
voyages de sortie des ports, havres, échelles, rades, anses, de la Barbarie, du
Levant, de la Turquie, des îles qui en dépendent et de la mer Noire, et ceux

d'entrée et de sortie du continent d'Amérique et des îles qui en dépendent, tant françaises qu'étrangères ;

2° Cinq pour cent, tant sur le corps que sur les facultés, pour les voyages d'entrée et de sortie des ports, etc., du Ponent, du nord de l'Europe, en delà du cap Finistère, de Madère, des Canaries, du cap Vert, du Sénégal, des Indes orientales, et de tous autres endroits au-delà du cap de Bonne-Espérance ;

3° Trois pour cent pour tous les voyages non dénommés ni désignés aux deux précédens articles. Néanmoins, et par extension à ces dispositions générales, les assureurs jouissent sur les avaries particulières de la franchise de 15 pour cent sur les blés, grains et farines, légumes, amidon, soudes et barils, potasses, sel de soude, alizari, garance, drogueries, chanvre, sumac, tabac et cuirs salés. Pour chacun desdits cas, voyages et risques qui viennent d'être décrits et spécifiés, les assureurs sont tenus du paiement des avaries lorsqu'elles excèdent lesdites limites de 3, 5, 10 ou 15 pour cent, pour n'en payer que l'excédant. Ils sont francs d'avaries particulières sur les poissons secs et salés, chairs salées, fruits verts et secs, fromages, salaisons, sels, salpêtre natron, laine en suint, glaces, verreries, porcelaines et autres articles fragiles et sujets à la rouille. Les assureurs ne sont pas tenus des avaries qui arrivent par le vice propre de la chose. Ils ne sont point garans du coulage sur les liquides, y compris les mélasses. Les assureurs sur argent pris à la grosse et sur les risques à terme sont francs de toute avarie.

Augmentation de prime en cas de guerre.

En cas de guerre, hostilités ou représailles avec quelque puissance maritime, survenues pendant le cours du voyage, la prime sera réglée par amis communs : la perte sera payable sous la déduction de la prime qui aura été réglée.

Tous les cas non prévus, omis ou douteux, sont décidés conformément aux dispositions du Code de commerce.

NOTES SUR LA POLICE DE MARSEILLE.

Délaissement.

Les conditions écrites appelées *rempli des polices*, contiennent ordinairement, par dérogation à l'art. 375 du Code de commerce, une clause portant que le délaissement pour défaut de nouvelles pourra être fait après un an pour les voyages de long cours.

Les cas de délaissement sont ceux énoncés au Code de commerce, art. 369.

La jurisprudence a admis le délaissement *pour perte de plus des trois quarts*, lorsque, par un des risques assurés, la marchandise ne parvient pas au lieu de sa destination. Ainsi, lorsque plus des trois quarts des marchandises ont été vendues en cours de voyage, pour les besoins du navire, il y a perte légale, bien que le navire arrive à sa destination grevé de la créance du chargeur, et que, par le résultat d'un réglement d'avaries, la valeur des marchandises vendues doive être payée au propriétaire. Ainsi, dans le cas de débarquement forcé à Constantinople de la cargaison d'un navire destiné pour Odessa, par suite d'un refus de la Porte d'accorder le firman pour entrer dans la mer Noire, les assureurs sur facultés ont été condamnés à payer la perte. Ainsi, lorsque l'assurance est faite sur pavillon et avec capitaine français, les assureurs, garans de la baraterie, paient la perte des objets assurés, s'ils sont détournés de leur destination par fraude ou faute du capitaine.

Les assureurs répondent des risques de guerre et d'hostilités, sans aucune exception, moyennant une augmentation de prime à régler par amis communs. Le plus souvent les assureurs renoncent à cette clause, moyennant une très-légère augmentation dans la prime fixe ; c'est-à-dire qu'au lieu d'assurer à un et demi aux conditions imprimées, un voyage de Marseille à la Martinique, on stipulera une prime de un et trois quarts sans augmentation en cas de guerre.

Ces sortes d'assurances s'appellent à Marseille *assurances à tous risques*.

La baraterie de patron étranger n'est pas comprise de droit dans les risques *à la charge des assureurs* ; c'est un risque exceptionnel et qui n'est pas compris de droit dans un ordre *d'assurer à tous risques*, dont la signification est, sans *augmentation en cas de guerre*. La condition de se charger de la baraterie de patron étranger ne s'insère dans les polices de Marseille qu'au moyen d'une plus forte prime.

La jurisprudence constante du tribunal de commerce de Marseille et de la cour d'Aix ne met à la charge des assureurs les pertes et dommages provenant du feu que lorsqu'il est prouvé que le feu provient d'un cas fortuit. Si cette preuve ne peut pas être fournie, le feu est censé provenir de la faute de l'équipage ; par conséquent si les assureurs n'ont pas garanti la baraterie de patron, ils sont mis hors de cause.

N. B. L'affaire qui a donné lieu à cette observation, est pendante en ce moment à la Cour de cassation ; et M. Dubernad, dont l'opinion est souvent invoquée devant nos tribunaux de commerce, pense que l'arrêt de la cour d'Aix doit être réformé.

Ils ne prennent fin, soit sur corps, soit sur facultés, que par l'entière mise à terre de la cargaison. Dans les expéditions aux Indes et en Amérique, pour que le navire ne reste pas un seul instant sans assurance, le capitaine laisse à bord un colis de la cargaison d'entrée, jusqu'au moment où le premier colis de sortie est embarqué.

Le fret est toujours acquis à l'assuré. Ainsi un navire périt à l'embouchure du port de destination, la cargaison est sauvée et paie le fret entier, les assureurs sur corps remboursent la valeur du navire telle qu'elle est portée en la police, et n'ont rien à prétendre sur le fret; seulement, l'assuré devra payer les salaires de l'équipage jusqu'à concurrence du fret encaissé. Ce n'est qu'après épuisement du fret que les assureurs seront tenus des salaires, sur les débris du navire.

La prime, la prime des primes et l'escompte, sont compris de droit dans l'évaluation convenue ou à faire des objets assurés.

Quoique les polices de Marseille ne contiennent pas une clause aussi formelle que celle des autres villes de France, sur la condition de régler séparément les avaries communes et les avaries particulières, néanmoins on a depuis long-temps adopté cette manière de régler, et les franchises stipulées sont déduites sur chaque nature d'avaries.

Les assureurs ne paient que l'excédant des franchises, dont la quotité est toujours prise sur la totalité de la somme assurée, à moins que, par un acte spécial, il n'ait été convenu que les avaries seront réglées séparément par séries, par marques, ou par nature de marchandises.

Les franchises de 10, 5, 3 pour cent, sont établies d'après la nature du voyage, et non d'après la nature de la chose assurée. Il en résulte que des sucres assurés d'Amérique en Europe seront passibles d'une franchise de 10 pour cent; de l'Inde en Europe, ou de Marseille dans le Ponent et réciproquement, d'une franchise de 5 pour cent; de Gibraltar à Naples, de Marseille à Lyon, d'une franchise de 3 pour cent.

N. B. Les franchises pour l'aller ne sont pas toujours les mêmes que pour le retour. Aussi, de Marseille à Constantinople, elle est de 3 pour cent sur corps et sur facultés; de Constantinople à Marseille elle est de 5 pour cent sur corps, et de 10 pour cent sur facultés.

La franchise de 15 pour cent est indépendante de la nature du voyage; elle est basée sur la nature des marchandises qui en sont passibles.

Dans le cas où plusieurs voyages sont assurés dans la même police et moyennant une seule prime, il n'est déduit qu'une seule franchise (la plus forte), bien qu'il y ait plusieurs avaries successives. Il n'y a alors qu'un seul voyage assuré.

RÉGLEMENT D'AVARIES.

Voici de quelle manière le réglement des avaries particulières s'opère entre l'assuré et l'assureur.

Une marchandise évaluée à 10,000 fr. dans la police d'assurance arrive au lieu de la destination, atteinte d'avarie. Les documens justificatifs doivent établir la valeur de la marchandise en état d'avarie, et la valeur qu'elle aurait eue en bon état, le tout à l'entrepôt. La comparaison de ces valeurs donne pour résultat une perte de tant pour cent; ce dividende de tant pour cent est payé par l'assureur sur la somme assurée.

Si l'avarie n'est pas matérielle, si elle existe en frais ou dépenses extraordinaires, alors on ne règle pas par proportion, et l'assureur rembourse la totalité des frais. Dans l'application des franchises, on ne fait aucune distinction entre ces deux sortes d'avaries; elles en sont également passibles.

Quelques décisions judiciaires ont adopté, pour le recours de l'assuré, à raison de la contribution aux avaries communes, la même règle que pour les avaries particulières (avaries matérielles), c'est-à-dire de ne mettre à la charge de l'assureur que le dividende de tant pour cent imposé par le réglement d'avarie commune, en l'établissant sur la somme assurée. Néanmoins beaucoup de personnes pensent que, dans ce cas, l'assuré doit être entièrement indemnisé de la contribution telle qu'il l'a déboursée, et que la manière de régler doit être la même que pour les avaries particulières.

FRAIS ET DÉPENSES EXTRAORDINAIRES.

Les polices de Marseille ne contiennent aucun pacte à ce sujet, mais l'usage et la jurisprudence y ont suppléé.

La déduction à faire sur les objets de remplacement fournis au navire pendant le voyage et pour cause d'avaries, ne repose pas seulement sur un usage plus ou moins ancien, mais bien plutôt sur la saine interprétation de la loi qui décide (art. 352) que les déchets, diminutions et pertes qui arrivent par le vice propre de la chose ne sont pas à la charge des assureurs. Si la question avait été présentée de cette manière à la Cour de cassation, il est probable qu'elle n'aurait pas rendu son arrêt du 13 juillet 1829, portant que l'usage de faire une déduction pour différence du neuf au vieux, ne pouvait pas prévaloir contre le principe qui veut que l'assureur indemnise complètement l'assuré.

L'autorité de cet arrêt n'est pas suivie à Marseille.

Un principe fondamental en matière d'assurance est que l'assuré ne peut pas bénéficier, qu'il ne doit qu'être indemnisé. Ce principe, combiné avec l'art. 352 du Code de commerce, amène nécessairement à déduire une certaine quotité sur les objets remplacés, lorsque ces objets étaient vieux. Par exemple, un câble usé au tiers est perdu; si l'assureur paie en entier la valeur d'un câble neuf, il supporte la diminution de valeur que le câble avait éprouvée avant la perte, par le service ordinaire du bord, et l'assuré fait un bénéfice là où il doit simplement être indemnisé.

Voici de quelle manière ces sortes d'avaries se règlent à Marseille:

1° On n'opère de déduction que sur les objets qui sont entièrement remplacés, tels qu'un mât, une voile, un câble, une chaloupe, ou sur une réparation générale, telle qu'une carène, un doublage, etc.

Tout ce qui n'est que réparation partielle se paie intégralement.

2° La déduction à opérer dépend des circonstances et de l'ancienneté des objets perdus; le plus souvent elle est d'un tiers.

3° Lorsque le coût de l'objet remplacé est excessif comparativement au lieu d'armement, comme par exemple, lorsqu'un navire parti de Marseille change un mât ou son doublage à l'île Maurice, on ne fait la déduction que sur la valeur des objets remplacés au lieu d'armement, qui est le lieu dont le cours fixe la valeur que l'on peut faire assurer. *Exemple :* un navire assuré de Marseille dans l'Inde fait avarie, et relâche à l'île Maurice pour changer son doublage usé d'un tiers. Cette réparation coûte 20,000 fr. : à Marseille elle n'aurait coûté que 6,000 fr. L'assureur ne pourra déduire que 2,000 fr.

La raison de décider ainsi, est que le tiers matériel de l'objet remplacé qui profiterait à l'armateur, si l'assureur payait la dépense en totalité, est indépendant du coût excessif; et que, si d'une part l'assuré ne doit qu'être indemnisé, d'autre part il faut qu'il le soit complètement.

4° Si le coût de la réparation a été payé avec un billet à la grosse, la totalité du change maritime est à la charge des assureurs. C'est une conséquence du principe qui vient d'être posé.

5⁰ Les déductions s'opèrent tout à la fois sur le coût de l'objet et sur la main-d'œuvre.

Les règles ci-dessus s'appliquent non-seulement aux réglemens d'avaries particulières, mais encore aux réglemens d'avaries communes.

Franc de coulage.

Cette clause a pour objet d'exonérer les assureurs de toute responsabilité relativement au coulage des liquides, même du coulage qui serait l'effet d'une fortune de mer, excepté dans le cas de délaissement. Ainsi décidé par de nombreux arrêts de la cour royale d'Aix.

Manière de constater les dommages.

Les procès verbaux réguliers d'experts nommés par la justice ou l'autorité locale, faits en temps utile, appuyés des rapports en forme du capitaine, sont admis comme preuve suffisante, quoique faits hors de la présence des assureurs et sans l'assistance d'un curateur; mais si les assureurs sont présens sur les lieux, ils doivent être appelés à l'expertise.

Dans les pays où la formalité du serment est en vigueur, et lorsque les experts sont nommés à l'étranger par le consul de France, ils doivent nécessairement prêter serment.

Avaries communes.

S'il s'agit d'avaries communes dont le réglement se poursuive hors du domicile des assureurs, il n'est pas besoin de les y appeler, ni de leur nommer un curateur. L'intervention de la justice suffit pour sauve-garder leurs droits. L'assuré, dans ce cas comme dans tant d'autres, est le mandataire de l'assureur, et celui-ci doit rembourser la contribution supportée par les objets assurés, sur le vu d'un extrait du réglement général, à moins qu'il ne prouve que l'assuré a sacrifié des droits certains et évidens.

Les réglemens faits à l'étranger conformément à la loi du pays, sont obligatoires sans difficulté pour les assureurs de Marseille.

Compétence.

Quelle que soit l'action introduite par l'assuré contre l'assureur, le seul tribunal compétent est celui du lieu où le contrat a été passé, c'est-à-dire celui du domicile de l'assureur. C'est ce qui a été jugé par la cour royale d'Aix et par celle de Rennes.

Clauses particulières.

Les polices peuvent contenir des dérogations aux clauses imprimées ou aux usages, sur la nature des risques, sur les franchises, sur la manière de régler les avaries ou de payer la perte. Tout dépend du taux de la prime.

Frais.

L'assuré ne paie que les frais de police, montant, suivant le format, à 1 fr., 3 fr. 50 c. ou 4 fr. Le courtage est supporté en entier par les assureurs.

Paiement des primes.

Les primes sont stipulées payables comptant, ou après la cessation du risque. Dans le premier cas néanmoins, les assureurs ne demandent ordinairement le paiement que tous les six mois, mais cet usage n'a pas force de loi.

Sur un risque de première classe et en temps ordinaire, on peut faire couvrir au moins 200,000 francs sur un navire.

NANTES.

ANCIENNE POLICE D'ASSURANCE.

Les soussignés assurent à M...... domicilié à Nantes, agissant pour...... compte...... chacun la somme par eux ci-après déclarée sur...... L'objet assuré est estimé......

L'assurance est faite sur bonnes ou mauvaises nouvelles, et moyennant la prime de...... pour cent, payable en billets de l'assuré, à ordre, et à l'échéance du...... échéance établie à raison de six mois de la date de la police, si ce n'est par exception à neuf mois à l'égard des navires partant d'Europe pour aller aux îles ou aux côtes d'Afrique, sur l'Océan ou en Amérique, ou même à un an, si le terme du voyage est au-delà du cap de Bonne-Espérance ou du cap Horn, et à un an ou dix-huit mois, suivant qu'il s'agit des mêmes voyages en-deçà ou au-delà de ces deux caps; et en outre, du retour en Europe, en prime liée.

Les paiemens dus par les assureurs seront faits pour les avaries, un mois, et pour les pertes avec délaissement, trois mois après la demande fondée sur la justification des pertes ou dommages.

Sont aux risques des assureurs toutes pertes ou dommages qui arrivent aux objets assurés, par tempête, naufrage, échoûment, abordage fortuit, changemens forcés de route, de voyage ou de vaisseau; par jet, feu, prise, pillage, arrêt par ordre de puissances, déclaration de guerre, représailles, barateries de patron, et généralement par toutes les autres fortunes de mer.

Les déchets, diminutions, pertes ni détériorations qui arrivent par le vice propre de la chose ne sont pas à la charge des assureurs, non plus que les frais de quarantaine. Ils ne répondent pas des pertes et des dommages qui ont pour cause la contrebande ou un commerce clandestin.

Si, par convention particulière, l'assurance n'est pas faite *franc de risques de guerre ou d'hostilités*, ou bien moyennant une prime fixe sans augmentation pour ces sortes de risques, ou enfin avec la clause d'une quotité déterminée de l'augmentation qui en résulterait, cette augmentation acquise par la survenance de guerre ou d'hostilités, sera sans aucune voie d'appel ni de révision, réglée d'une manière définitive par une commission de cinq négocians ou anciens négocians de Nantes nommés par la Chambre de commerce de ladite ville. Risques de guerre

Il n'y aura pas d'augmentation de prime pour les risques de pirates et de barbaresques.

La durée des risques sera quant au navire, depuis. . . . . jusqu'à son entière décharge et quant aux marchandises, depuis l'embarquement jusqu'au débarquement, y compris les risques en gabarres ou autres alléges, pour aller de terre à bord, et de bord à terre. Durée des risques sur corps et sur cargaison.

Le montant de l'assurance sera payé en entier s'il y a délaissement accepté ou reconnu valable. Le délaissement peut être fait conformément aux dispositions du Code de commerce, en cas de prise, de naufrage, d'échoûment avec bris, d'innavigabilité par fortune de mer, d'arrêt d'une puissance étrangère, de perte ou détérioration des effets assurés, si la perte ou la détérioration va au moins à trois quarts; enfin, en cas d'arrêt du gouvernement après le voyage commencé. Délaissement.

Le terme à l'expiration duquel le défaut de nouvelles permettra à l'assuré de faire le délaissement, sera de six mois, à compter des dernières nouvelles, pour les voyages autres que ceux de long cours, et d'un an pour ceux-ci, excepté à l'égard des voyages au-delà du cap de Bonne-Espérance ou du cap Horn, pour lesquels le terme sera de dix-huit mois.

Il ne sera remboursé pour avaries grosses ou communes, que l'excédant de trois pour cent, sur l'estimation donnée par la police à l'objet assuré. Avaries grosses.

Les assureurs ne paieront pour les avaries simples ou particulières que l'excédant de trois pour cent, sauf les fixations spéciales concernant les objets susceptibles d'être facilement endommagés, suivant que la désignation aura dû en être faite par l'assuré. Le taux au-delà duquel l'excédant sera dû, est pour les objets suivans entre autres, réglé ainsi, savoir : *à cinq pour cent*, alun, café et cacao en sacs, farine en baril, garance, gingembre, piment, poivre, riz, sucre, tabac; et *à dix pour cent*, amidon, blé, graines et légumes secs, café ou cacao en greniers, chanvre, lin, cuirs secs et peaux, farine Avaries particulières et franchises.

en sacs, poisson sec et salé, papier, plumes et articles de librairie, potasse, soude, salpêtre et sumac.

Hors le cas de naufrage ou d'échoûment avec bris, l'assurance n'a lieu que franc de coulage, franc d'avaries provenant de rouille, pour les marchandises qui y sont sujettes, ou de la fragilité d'autres sortes d'objets, tels que le verre, les glaces, la faïence, la porcelaine, ainsi que pour les fruits verts ou secs, les laines en suint, le sel et le fromage.

S'il y a naufrage ou échoûment avec bris, il ne sera admis de coulage en avarie que le coulage extraordinaire. Les assureurs paieront sous les réservations ci-dessus exprimées, l'excédant de dix pour cent d'avaries simples sur les marchandises susceptibles d'avaries provenant de rouille ou fragiles, et l'excédant de quinze pour cent d'avaries simples sur les fruits, les laines en suint, le sel et le fromage.

Les avaries grosses et les avaries simples seront toujours réglées séparément; et dans les voyages qui comporteront une ou plusieurs escales, avec mutation des objets composant le chargement, les réglemens d'avaries quelconques, seront en outre faits distinctement, même à l'égard du navire, pour chaque partie du voyage entier, ainsi divisé d'un lieu à un autre.

Aucune demande, soit pour avaries, soit de tout autre manière, ne sera admise au-delà du montant de l'assurance.

L'assuré, outre l'obligation à laquelle il est assujéti de travailler au recouvrement des objets naufragés, demeure autorisé, sans préjudice du délaissement, à faire en temps et lieu, ou hors les cas d'ouverture au délaissement, quelque peu considérable que soit le dommage, à faire décharger, soigner, réparer, vendre ou recharger, soit sur le même bâtiment, soit sur un ou plusieurs autres, en tout ou en partie, les objets assurés, suivant que le cas le requerra.

En cas de contestations, elles sont terminées par la voie de l'arbitrage, sans appel ni autre sorte de recours, et les deux arbitres négocians ou anciens négocians domiciliés à Nantes, nommés chacun par l'une des parties, choisiront eux-mêmes au besoin un autre négociant ou ancien négociant pour tiers-arbitre.

CONDITIONS DES NOUVELLES POLICES D'ASSURANCES DE NANTES.

Les assurances sur corps portent aussi sur les agrès et apparaux, ustensiles, embarcations, vivres et victuailles, avances aux équipages, armemens, mise dehors, et généralement sur toutes les appartenances et dépendances; et celles sur les marchandises les comprennent toutes, de quelque nature qu'elles soient, sujettes ou non sujettes au coulage; il est de plus convenu que le capitaine ci-dessus désigné pourra être reçu ou non reçu, ou remplacé par tout autre. *(Observation générale.)*

1° L'assurance est faite sur bonnes ou mauvaises nouvelles, et moyennant la prime de..... payable en billets de l'assuré et à l'échéance du...... qui en cas de sinistre seront néanmoins regardés comme échus, et reçus en paiement des pertes. *(Assurance sur bonnes ou mauvaises nouvelles, et paiement de la prime.)*

2° Sont aux risques des assureurs toute perte ou dommage qui arrivent aux objets assurés par tempête, naufrage, échoûment, abordage fortuit, changemens forcés de route et de voyage, ou de vaisseau, par jet, feu, prise, pillage, arrêt par ordre de puissance, déclaration de guerre, représailles, barateries de patron, pirates, barbaresques, corsaires insurgés ou indépendans sous quelque pavillon ou dénomination qu'ils soient, écumeurs de mer, et généralement pour toutes les autres fortunes de mer. *(Détail des risques garantis par les assureurs.)*

3° Ne sont point à leur charge 1° les déchets, diminutions, pertes ou détériorations qui arrivent par vice propre de la chose; 2° les frais de quarantaine; 3° les pertes ou dommages résultant de contrebande ou commerce clandestin. Ne pourra être dans aucun cas réputé baraterie de patron, relativement à l'armateur, seulement le cas prévu par le paragraphe ci-dessus, n° 3. *(Risques non garantis par les assureurs.)*

4° En cas de guerre ou d'hostilités de la part de quelque puissance maritime reconnue par le droit public de l'Europe, contre le pavillon assuré pendant la durée des risques (y comprenant les barbaresques seulement dans le cas de guerre lors déclarée ou de représailles exercées contre eux par le pavillon assuré), il sera acquis aux assureurs une augmentation de prime, laquelle augmentation sera réglée d'une manière définitive sans aucune voie d'appel ou de révision par cinq arbitres (négocians ou anciens négocians de *(Risques de guerre.)*

Nantes, s'il est possible) nommés par la Chambre de commerce de ladite ville.

Assurances à l'année, et risques de blocus.5° Dans les cas d'assurances à l'année, 1° les risques dans la mer Baltique, du 1er octobre au 31 mars inclusivement, seront passibles d'augmentation de primes à régler de gré à gré ou par arbitres; 2° les risques de blocus officiellement connu au lieu et avant la date du départ du navire, ne sont point aux charges des assureurs: tous droits des parties réservés dans les autres cas.

Risques de quarantaine.6° Il n'y aura pas d'augmentation de primes pour les risques de quarantaine au lieu de l'arrivée; mais si pour faire quarantaine, le navire par suite des réglemens sanitaires, relève pour un autre lieu, ou s'il la fait au *Hoc* ou sur la rade du Havre, il sera acquis aux assureurs une augmentation de prime réglée par arbitres.

Durée des risques sur marchandises.7° Les risques sur marchandises commencent du moment où elles ont été chargées dans le navire ou dans les alléges pour les y porter, et finissent à l'instant où elles sont délivrées à terre.

Durée des risques sur corps.8° Les risques sur corps des navires commencent...... pour durer jusques au jour de son entière décharge, sans aller au-delà du trentième jour écoulé après celui où il aura été amarré ou ancré au lieu de sa dernière destination, ou après celui de la date de la déclaration d'entrée du capitaine, les cas de force majeure exceptés. Cependant le risque finit aussitôt que le navire reçoit à bord au lieu de sa dernière destination, les marchandises pour le voyage en retour, même dans le cas où celles d'aller ne seraient pas entièrement déchargées, encore bien que les trente jours accordés pour le terme du risque ne seraient pas révolus.

Départ des navires.9° Si l'assurance porte sus ou par navire désigné en cas de non mise en mer après six mois de la date de la police pour les voyages en deçà des caps Horn et de Bonne-Espérance; neuf mois pour ceux au-delà desdits caps, la prime convenue sera augmentée de un pour cent au bout d'un an dans le premier cas, et de quinze mois dans le second; il sera alloué aux assureurs deux pour cent, et le contrat sera nul à partir de l'expiration de ces dernières époques.

Assurances sur navires indéterminés.10° En cas d'assurances sur navires indéterminés, l'assuré s'oblige de faire connaître le nom des navires au plus tard dans douze mois pour les voyages des caps Horn et de Bonne-Espérance; dans six mois pour les autres voyages de long cours et de grand cabotage, et dans deux mois pour ceux au petit cabotage, le tout à compter de la date de la présente, à défaut de quoi il sera alloué aux assureurs un pour cent, et le contrat sera nul de plein droit.

11. Le droit de ristourni ou de résiliement sera d'un quart pour cent sans dérogation, sauf celui pour assurances par navires indéterminés qui reste fixé à un demi pour cent. Ristournis.

12° Dans le cas d'assurance à prime liée sur navires destinés pour les Indes orientales ou occidentales, il est accordé au capitaine, soit en temps de paix soit en temps de guerre, six mois de séjour à compter du jour où le navire aura abordé dans un des ports de sa destination où il fera vente de sa cargaison, ses recouvremens, ses achats et chargement en retour; passé le délai de six mois, il sera payé aux assureurs un demi pour cent pour chacun des mois de plus long séjour jusqu'à douze mois, après lequel temps les assureurs seront déchargés de tous risques, et il leur sera acquis les deux tiers de la prime liée fixée par la police, plus l'augmentation à laquelle donneront lieu les mois de séjour, et sans préjudice de celles à régler pour le temps de guerre. Voyages dans les Indes.

13° Les assurés sur marchandises autres que celles pour compte de l'armement, sont dispensés de rapporter le certificat de visite du navire. Certificat de visite.

14° Dans le cas d'avaries particulières sur marchandises, les assureurs ne paieront que l'excédant de Franchises d'avaries particulières.

3 p. % SUR LES OBJETS SUIVANS.	5 p. % SUR LES OBJETS SUIVANS.	10 p. % SUR LES OBJETS SUIVANS.		15 p. % SUR LES OBJETS SUIVANS.
Bœuf et lard salés.	Cacao en sacs.	Alizaris.	Légumes secs en futailles.	Cendres gravelées.
Beurre.	Café en nattes et balles.	Alun.	Pelleteries.	Grains en grenier.
Cacao } en futailles.	Epices en sacs.	Amidon.	Poissons secs et salés.	Graines et grenailles.
Café }	Gomme en futailles et caisses.	Anis.	Potasse et perlasse.	Gravures.
Cochenille.	Laines lavées.	Biscuits en futailles.	Riz en sacs.	Livres.
Citron.	Poivre en sacs ou balles.	Bois de réglisse.	Sucre en sacs ou nattes.	Légumes en sacs ou greniers.
Cordages.	Quercitron.	Cacao en grenier.	Salsepareille.	Papier.
Epices en futailles.	Riz en futailles.	Café en sacs et en grenier.	Sumac.	Peaux vertes.
Farine en barils.	Sucre en caisses ou futailles.	Cendres de varec et de tabac.	Toiles bleues de Guinée.	Plumes.
Indigo.	Tabacs en futailles.	Chanvre et lin.	Verdet en sacs et balles.	Salpètre.
Rocou.	Toiles et tissus de lin.	Couperose.		Soude.
Savon.	Tissus de laine.	Cuirs.		Suc de réglisse.
Suif.	Tissus de coton (Guinée exceptée).	Farines en sacs.		Tabacs en balles ou surons.
Soufre brut et en canon.	Vert de gris en futailles.	Fleur de soufre.		
Thé.		Garance.		
		Gomme en sacs et en grenier.		
		Gingembre.		
		Grains en sacs ou futailles.		

Pour toutes les marchandises non désignées dans le tableau ci-dessus, il demeure convenu que les retenues seront exercées comme sur celles avec lesquelles elles auront le plus de rapport ou d'analogie.

15° Hors le cas de naufrage ou d'échoûment avec bris, l'assurance n'a lieu que franc de coulage sur les liquides et autres marchandises sujettes au coulage, franc d'avarie sur le fromage, le sel, les fruits verts ou secs et les laines en suint, ainsi que de celle provenant de la rouille pour les marchandises qui y sont sujettes, ou de la fragilité des objets casuels, tels que les glaces, la faïence, la porcelaine et la verroterie.

Coulage, rouille et bris des marchandises sujettes à ces accidens.

S'il y a naufrage ou échoûment avec bris, les assureurs paieront seulement le coulage extraordinaire, sous la déduction du coulage ordinaire qui demeure fixé à cinq pour cent pour les voyages au grand et au petit cabotage, et à dix pour cent pour les voyages de long cours jusqu'aux caps Horn et de Bonne-Espérance, et à quinze pour cent pour les voyages au-delà desdits caps. Ils ne paieront pour avaries simples que l'excédant de cinq pour cent sur les objets fragiles, et de quinze pour cent sur le fromage, le sel, les fruits verts ou secs, les laines en suint, et sur les marchandises sujettes à la rouille.

Avaries particulières au corps.

16° En cas d'avaries particulières sur corps, les assureurs ne rembourseront que l'excédant de trois pour cent. Il ne sera admis dans les comptes auxquels les avaries particulières donneront lieu que les objets remplaçant ceux perdus, brisés ou endommagés pendant le voyage assuré, et de tous les ouvrages de cette nature (les ancres et les chaînes seules exceptées), il sera déduit le tiers pour compenser la différence entre le neuf et le vieux.

Il est bien entendu qu'il ne sera fait aucune déduction pour ce qui concerne la main-d'œuvre (le calfatage excepté), et qu'elle ne sera exercée que sur le remplacement des cordages, voiles, bois, mâtures et autres objets sujets à dépérissement.

Assurances pour la pêche

17° En cas d'assurances sur navires destinés pour la pêche, en quelque lieu que ce soit, les assureurs sont exempts d'avaries sur les ustensiles de pêche, et de la perte des câbles et ancres pendant le mouillage aux lieux de pêche.

Franchise d'avarie grosse.

18° Il ne sera remboursé pour avaries grosses ou communes que l'excédant de trois pour cent sur l'estimation donnée par la police à l'objet assuré.

Réglement des avaries grosses et particulières.

19. Si l'assuré s'est réservé le fret ou appréciation du fret, il demeure passible de la contribution légale de ce fret aux avaries communes, à décharge des assureurs sur corps.

20⁰ Les avaries grosses et les avaries simples seront toujours réglées séparément, et dans les voyages qui comporteront une ou plusieurs escales avec mutation des objets composant le chargement, les réglemens d'avaries quelconques seront en outre faits distinctement, même à l'égard du navire pour chaque partie du voyage entier ainsi divisée d'un lieu à un autre.

21° Le délaissement dans le cas d'échoûment avec bris ne pourra être fait qu'autant qu'il y aura perte ou détérioration s'élevant aux trois quarts de l'objet assuré.

Abandon.

22° Soit que l'assuré ait fait délaissement ou non, et sans préjudicier à ses droits, il demeure tenu de veiller à la salvation et conservation des objets assurés, et il est autorisé à les faire bénéficier, recharger sur un ou plusieurs bâtimens, de les vendre si besoin est, et dans ce cas de distribuer les fonds qui en proviendront, lui donnant tous pouvoirs à cet égard, à moins que, par un acte formel, les soussignés ne leur fassent connaître leurs intentions contraires.

Obligations de l'assuré dans le cas de sinistre.

23° A défaut de nouvelles du navire, l'assuré pourra faire le délaissement après dix-huit mois pour les voyages au-delà des caps Horn ou de Bonne-Espérance, après un an pour tous autres voyages de long cours et de grand cabotage, et après six mois pour le petit cabotage, à compter du jour du départ ou de celui auquel se rapporteront les dernières nouvelles reçues.

Abandon pour défaut de nouvelles.

24° Le montant de l'assurance sera payé en entier s'il y a délaissement accepté ou jugé valable.

Paiement des pertes.

25° Le délaissement pourra être fait conformément aux dispositions du Code de commerce, sauf les exceptions portées aux art. 21 et 23 ci-dessus.

Abandon à teneur du Code de commerce.

26° Les paiemens dus par les assureurs seront faits pour les avaries, un mois, et pour les pertes avec délaissement, trois mois après la demande fondée sur la justification des pertes ou dommages.

Époques des paiemens des avaries et des pertes.

27⁰ Dans aucun cas les assureurs ne pourront être tenus de payer au-delà de la somme assurée.

Observations générales.

28° Tous avis, communications et détails de chargement qui ne changeront rien à la nature du contrat souscrit, seront visés par l'apériteur seul et pour tous.

29° En cas de contestations, elles seront terminées par la voie de l'arbitrage sans appel ni autres sortes de recours, et les deux arbitres négocians ou anciens négocians domiciliés à Nantes, nommés à l'amiable chacun par l'une

Contestations.

des parties, choisiront eux-mêmes, avant de prendre connaissance de l'affaire, un tiers-arbitre pour les départager au besoin.

Les assureurs soussignés et l'assuré, chacun en ce qui les concerne, renoncent à toutes les lois, ordonnances et réglemens maritimes contraires aux stipulations du présent contrat, qui est en tout ce qui contient aux clauses imprimées, conforme à l'original déposé au greffe du tribunal de commerce, le 19 février 1828.

NOTES.

La nouvelle police d'assurances maritimes à Nantes n'a pas fait rejeter entièrement l'ancienne. La nouvelle police est préférée par les assureurs parce qu'elle leur est plus avantageuse, surtout pour les risques d'assurances sur corps qui sont tous couverts maintenant d'après les nouvelles conditions. Et l'ancienne police est encore admise pour les assurances sur marchandises.

On peut faire couvrir à Nantes sur les navires de la place, 300 à 350,000 fr., et sur les navires étrangers, 200 à 250,000 fr.

NAPLES.

Les polices d'assurances en usage sur cette place, s'en rapportant entièrement au titre 10 du Code de commerce, pour les risques à la charge des assureurs et pour les autres conditions du contrat d'assurance, sont conçues de la même manière que celles de Gênes.

NOTES.

Risques de guerre. On convient quelquefois d'assurer le risque de guerre à prime fixe; sans cela, dans le cas de déclaration de guerre pendant le cours du voyage, la prime est augmentée par des arbitres.

Franchises d'avaries. Les assureurs jouissent d'une franchise d'avarie de dix pour cent sur les céréales, et de cinq pour cent sur toutes les autres marchandises, sauf conventions contraires indiquées dans les polices d'après les accords faits entre les assurés et les assureurs.

Dans le cas de perte totale, l'assureur jouit d'un escompte de quatre pour cent sur la somme assurée. Rembourse-
ment des
pertes.

Les assureurs remboursent les pertes deux mois après les notifications légales, et preuves du sinistre.

Les primes se paient comptant. Paiement des
primes.

On peut faire assurer à Naples 3o à 35,ooo ducats par navire. Somme qu'on
peut faire
assurer.

NEW-YORCK.

Par la présente...... pour compte de......fait assurer et affecte...... pour être assuré, perdu ou non perdu de...... à...... sur toutes qualités de marchandises légales chargées ou à charger à bord du bon navire appelé ...... dont est capitaine pour le présent voyage...... ou tout autre à sa place, et par quels autres nom ou noms ledit navire ou ledit capitaine sont ou seront nommés.

Le risque sur lesdites marchandises commençant immédiatement après leur embarquement à bord dudit navire audit lieu, et continuera ainsi jusqu'à l'heureuse arrivée et mise à terre au susdit lieu desdites marchandises saines et sauvées. Il sera permis audit navire dans son voyage d'aller et faire voile, toucher et rester à quel port que ce soit, s'il y est obligé par de mauvais temps ou tout autre accident inévitable, sans préjudice à la présente assurance. Durée
des risques.

Lesdites marchandises assurées sont évaluées à la somme assurée par cette police. Evaluation
des marchan-
dises.

Les risques et périls que la compagnie d'assurances consent de supporter et prendre à sa charge dans ce voyage, sont ceux des mers, des navires de guerre, du feu, des ennemis, des pirates, corsaires, voleurs, ceux de jet à la mer, de lettres de marque et contre-marque, surprises, prises en mer, arrêt, Détail des
risques ga-
rantis.

retenue et défention de tous rois, princes ou peuples de quelque nation, condition et qualité qu'ils puissent être; baratterie de patron et de l'équipage, et tous autres périls, pertes et infortunes, et tout mal existant ou à survenir, détriment ou dommage desdites marchandises ou de partie d'icelles.

En cas de perte ou fortune de mer, il sera nécessaire et permis à et pour l'assuré..... ses agens et employés, et à leurs préposés, de poursuivre, travailler et voyager dans et pour la défense, sauve-garde et recouvrement desdites marchandises, ou de partie d'icelles sans préjudice à cette assurance, à la charge de quoi la compagnie d'assurances contribuera au prorata de la somme de cette présente assurance.

En considération de cette assurance il a été payé par l'assuré..... pour cent.

En cas de perte, elle sera payée dans trente jours après preuve de perte et preuve d'intérêt dans ledit...... (le montant de la note donnée pour la prime, s'il n'a pas été payé, sera premièrement déduit).

Aucune perte partielle ou avarie particulière ne pourra dans aucun cas être payée, à moins qu'elle ne s'élève à cinq pour cent, pourvu cependant, et il est de plus convenu pour celle-ci, que si ledit assuré avait fait toute autre assurance sur les objets ci-dessus mentionnés antérieurement à la date de cette police, alors ladite compagnie d'assurances sera responsable seulement pour la différence résultant en plus entre la première police et la présente pour couvrir entièrement l'objet assuré par celle-ci; ladite compagnie d'assurances remboursera la prime sur la somme qui aura été assurée par la police antérieure, et en cas d'une assurance sur l'objet ci-dessus mentionné postérieur en date à cette police; ladite compagnie d'assurances sera néanmoins responsable pour la totalité de la somme souscrite dans la présente, sans droit de réclamation en contribution des assureurs subséquens, et elle aura la faculté de retenir la prime reçue, de la même manière que s'il n'y avait pas eu d'autres assurances effectuées.

Il est également convenu que la propriété sera garantie par l'assuré, franc de tous frais, hypothèques, dommages ou pertes qui pourraient résulter en conséquence d'une saisie ou détention, pour cause d'un commerce illicite ou prohibé, ou de tout trafic en articles de contrebande.

En témoignage de quoi le président de ladite compagnie d'assurances a souscrit son nom et la somme assurée dans la présente, et a fait attester le présent acte par le secrétaire à New-Yorck.

MEMORANDUM.

Il est également convenu que les barres et feuilles de fer, le fil de fer, le fer-blanc, le sel, les grains de toutes sortes, le tabac, la farine de maïs, les fruits (qu'ils soient confits ou tout autrement), le fromage, poisson sec, végétaux et racines, fil de chanvre, emballage de coton, voitures de plaisance, meubles meublans, peaux et cuirs, instrumens de musique, miroirs et tous autres articles qui sont périssables par leur propre nature, sont garantis franco d'avaries, à moins qu'elles ne soient générales ; le chanvre franc d'avaries au-dessous de vingt pour cent (à moins qu'elles ne soient générales) ; les sucres, le lin, graine de lin, pain, sont francs d'avaries au-dessous de sept pour cent, à moins qu'elles ne soient générales ; et le café en sacs ou à refus, ainsi que le poivre en sacs ou à refus, francs d'avaries au-dessous de dix pour cent, à moins qu'elles ne soient générales.

Si le voyage mentionné ci-dessus a été commencé et terminé avant la date de cette police, alors il n'y aura aucun remboursement de prime à cause de la cassation du risque, et dans le cas de ristournis du tout ou en partie, demi pour cent sur la somme assurée sera retenu par les assureurs.

NOTES.

On peut faire assurer les plus riches cargaisons à New-Yorck.

Lorsque l'avarie atteint le maximum des franchises, elle est remboursée en entier sans aucune réduction.

(*Voir* les notes à la suite de la police de Baltimore.)

NOUVELLE-ORLÉANS.

Par la présente, M...... aussi bien en son nom que pour et aux noms de tout et chaque autre personne ou personnes à qui le même objet puisse ou pourrait appartenir en tout ou en partie, fait assurer et affecte lui-même et eux et chacun d'eux pour être assuré, perdu ou non perdu à et de...... sur toute sorte de biens ou marchandises légales chargées ou à charger à bord du bon navire appelé...... dont est maître pour le présent voyage...... ou qui que ce soit qui aille pour maître sur ledit navire, ou par quel autre nom ou noms ledit navire ou le maître sont ou pourront être nommés ou appelés.

Durée des risques.
Les risques sur lesdits biens ou marchandises légales commençant de et immédiatement après leur mise à bord dudit navire à...... susdit et continueront et subsisteront jusqu'à ce que lesdits biens ou marchandises soient mis à terre en sûreté à...... susdit; et il sera permis audit navire dans son voyage d'aller et faire voile, toucher et séjourner dans tous les ports ou endroits, s'il y est obligé par de mauvais temps ou tout autre accident inévitable, sans préjudice à cette assurance.

Détail des risques garantis.
Quant aux risques et périls que nous, assureurs, consentons à nous charger, et que nous prenons sur nous dans ce voyage, ce sont ceux des mers, des navires de guerre, du feu, des ennemis, des pirates, corsaires, voleurs, ceux de jet à la mer, des lettres de marque et contre-marque, de surprises, prises en mer, arrêts, retenues et détentions de tous rois, princes ou peuples, de quelque nation, condition ou qualité que ce soit, ceux de baratterie de patron et de l'équipage, et tous autres périls, pertes et malheurs qui sont ou pourront arriver au préjudice, détriment ou dommage desdits biens ou marchandises ou de partie d'icelles.

Obligation de l'assuré dans le cas de sinistre.
Dans le cas de quelque perte ou malheur, il sera permis à et pour l'assuré, ses agens, commis et mandataires (et l'assuré de son côté consent et s'engage par ses agens, commis et mandataires) à poursuivre, travailler et voyager pour dans et concernant la défense, sauve-garde et le recouvrement desdits biens ou marchandises, ou de partie d'icelles, sans préjudice à cette assurance, à la

charge de quoi nous, assureurs, contribuerons au prorata de la somme souscrite dans la présente police.

Et nous, assureurs, consentons et affectons le fond capital de la compagnie
d'assurances appelée. . . . . . à l'assuré, ses exécuteurs testamentaires, administrateurs ou mandataires pour l'entier accomplissement de ces promesses, reconnaissant avoir reçu nous-mêmes en considération de la présente assurance, et dudit assuré ou de ses agens, la prime à raison de. . . . . .

Dans le cas de perte, elle sera payée trente jours après la preuve et le ré- *Remboursement des pertes.*
glement sous déduction de deux pour cent, le montant de la prime s'il n'est
pas payé étant premièrement déduit.

En témoignage de quoi la compagnie. . . . . . a souscrit la somme assurée et
apposé le sceau ordinaire et l'attestation de son secrétaire pour être annexé à
la présente.

Nouvelle-Orléans, le

MEMORANDUM.

Il est convenu que le sel, le froment, le blé de l'Inde, les pois, et toutes les *Détail des franchises d'avarie.*
autres sortes de grains, la drèche, le pain et le poisson sec, le tabac en bar-
riques, le fromage, les fruits et tous les autres articles qui sont périssables
par leur propre nature; comme aussi les barres et feuilles de fer ouvré, l'é-
tain en plaques, le fil de chanvre, les emballages de coton, les voitures de
plaisance, les fournitures en cuir ou en peau, les instrumens de musique et
les miroirs ne sont garantis par les assureurs que franco d'avarie, à moins
qu'elle ne soit générale.

Les assureurs sont francs d'avarie au-dessous de vingt pour cent sur les
chanvres; et ils jouissent d'une franchise d'avarie de sept pour cent sur le
sucre, le lin et la graine de lin; enfin sur tous les autres objets ils sont francs
d'avarie au-dessous de cinq pour cent, à moins qu'elle ne soit générale.

Dans tous les cas de ristournis, demi pour cent sur la somme assurée est *Ristournis.*
retenu par les assureurs, et il est mutuellement convenu entre les parties
contractantes dans cette police, qu'aucune partie de la prime ne sera réduite
ou ristournée en considération de quelque changement qui pourrait être fait
par les propriétaires ou leurs agens dans le présent voyage.

Les assureurs sont francs de tous frais, dommages ou pertes qui pourraient
arriver par suite d'un commerce prohibé, dans quelque temps que ce soit.

NOTES.

Les diverses chambres d'assurances ont chacune des personnes chargées de l'examen des navires qui arrivent dans le port, afin de connaître d'avance leur état.

Quand la prime, soit le montant d'une somme assurée ne va pas au delà de 5o, elle est payée comptant ; passé cette somme, le montant de la prime est réglé en un billet à six mois de date endossé à satisfaction.

(*Voir* les notes à la suite de la police de Baltimore.)

PARIS.

DE LA COMPAGNIE D'ASSURANCES GÉNÉRALES.

La compagnie d'assurances générales assure à M...... demeurant à......
agissant pour...... compte...... la somme de...... sur...... navire.....
sous pavillon...... capitaine...... ou tout autre à sa place reçu ou non
reçu, pour le voyage...... aux conditions générales ci-après stipulées :

Durée des risques sur corps et cargaison. — ART. 1er. Le risque sur les marchandises court du jour où elles ont été chargées, jusqu'au jour où elles ont été mises à terre au lieu de leur destination.

Les risques d'alléges, tant à l'embarquement qu'au débarquement, sont à la charge de la compagnie.

Les risques sur corps courent du moment où le navire a commencé à prendre charge, et se terminent vingt-quatre heures après qu'il est ancré ou amarré au lieu de sa destination.

Risques de quarantaine. — Les risques de quarantaine ne sont à la charge de la compagnie, qu'autant qu'il y a convention expresse. A défaut de cette convention, les risques couverts par la présente police sont terminés du moment où le navire a été déclaré en quarantaine.

Art. 2. La compagnie prend à ses risques toutes pertes ou dommages provenant de tempête, naufrage, échoùment, abordage fortuit, relâches forcées et changemens forcés de route, de voyage ou de vaisseau, jet, feu, pillage, tous arrêts ou capture de pirates, ou de sujets des puissances barbaresques, baratteries de patron, et généralement tous accidens et fortune de mer. *Détail des risques garantis par la compagnie.*

Le défaut ou l'irrégularité des pièces légales qui doivent servir à justifier la demande de l'assuré, ne peut être compris dans le cas de baratterie, et la compagnie ne garantit pas à l'armateur la baratterie du capitaine qu'il a choisi et dont il est responsable.

Art. 3. La compagnie est exempte de tous risques de guerre, hostilités, représailles et arrêts de princes de gouvernemens reconnus ou non reconnus; mais elle entend comprendre dans les risques de pirates, tous pillages ou captures de pirates ou forbans, portant pavillon des nouveaux États de l'Amérique du sud. Elle est également exempte de tous événemens résultant d'un commerce clandestin ou de contrebande. *Risques de guerre.*

Art. 4. Si l'assurance est faite sur navires indéterminés, l'assuré est tenu de faire connaître le nom du navire, au plus tard, dans six mois, pour les voyages au-delà du cap de Bonne-Espérance et du cap Horn; dans quatre mois pour les autres voyages de long cours; dans deux mois pour les voyages de grand cabotage, et dans un mois pour ceux de petit cabotage; le tout à partir de la date de la police; faute de quoi la police est nulle de plein droit, et il est payé à la compagnie un pour cent de droit de ristourne. *Assurances sur navires indéterminés.*

Art. 5. Si la présente assurance porte sur des navires partant d'Europe, la prime convenue de un pour cent dans le cas d'un retard de trois mois dans le départ; de deux pour cent dans le cas d'un retard de six mois. Passé ce second délai, la police est nulle de plein droit, et l'augmentation de deux pour cent est acquise à la compagnie à titre de ristourne. *Départ retardé.*

Art. 6. Dans tout autre cas donnant lieu au résiliement de tout ou partie de la somme assurée, il est payé à la compagnie un droit de ristourne de demi pour cent. *Ristournis.*

Art. 7. Il est convenu que si l'assurance est faite en prime liée sur un navire destiné pour les Indes orientales ou occidentales, ou pour la mer du sud, il est accordé au capitaine, soit en temps de paix, soit en temps de guerre, six mois de séjour, à compter du jour où il aura abordé dans un port de sa destination; qu'à l'expiration de ce terme il est payé à la compagnie *Voyages dans les Indes à prime liée.*

une augmentation de demi pour cent pour chaque mois de séjour en sus; mais après douze mois de séjour, la compagnie est déchargée de tous risques, tant sur le navire que sur la marchandise, et elle a droit aux deux tiers de la prime liée fixée par la présente police, plus, à l'augmentation de prime résultant de la prolongation de séjour. '

Objets dont la compagnie ne garantit pas les avaries particulières.

Art. 8. Sont francs d'avaries particulières les fruits verts et secs, les fromages, les glaces, les laines en suint, le sel, les verreries, les liquides en bouteilles, les porcelaines, les plumes et les marchandises sujettes à la rouille.

La compagnie est également exempte des avaries provenant du vice propre de la chose assurée.

Franchises d'avaries particulières sur marchandises.

Art. 9. Dans le cas d'avaries particulières sur marchandises, ou de coulage extraordinaire sur les liquides, la compagnie ne paiera que l'excédant de

3 p. °/° SUR LES OBJETS SUIVANS.	5 p. °/° SUR LES OBJETS SUIVANS.	10 p. °/° SUR LES OBJETS SUIVANS.		15 p. °/° SUR LES OBJETS SUIVANS.
Beurre. Bois de teinture. Café en futailles. Coton. Draperies. Laines lavées. Métaux. Piment en barils Savon. Thé. Toileries.	Cacao en futailles. Café en balles ou en sacs. Canelle. Clous de girofle. Cochenille. Garance en futailles. Gingembres en futailles. Gommes en futailles. Indigo. Piment en sacs. Poivre. Riz en futailles. Sucres en futailles ou caisses.	Alun. Alizari. Amidon. Cacao en sacs ou balles. Café en grenier. Cuirs secs et peaux. Chanvre. Lins. Farine en barils. Gingembre en sacs. Gommes en sacs ou grenier. Livres. Papier. Poissons secs et salés. Poivre en grenier. Potasse. Riz en sacs. Soude.	Sucres en sacs ou balles. Sumac. Tabac en boucauds. Huiles, esprits. Vins, eau-de-vie et autres liquides.	Blé. Cacao en grenier. Farines en sacs. Graines et grenailles. Légumes secs. Salpêtre. Tabacs en balles. Sels de soude.

La quotité d'exemption d'avaries sur les marchandises non désignées au tableau précédent, est de cinq pour cent, et la compagnie n'en paie que l'excédant. Elle est exempte du coulage ordinaire sur les liquides qu'il est convenu de fixer par la présente à deux pour cent pour le petit cabotage, à quatre pour cent pour le grand cabotage, et à dix pour cent pour les voyages de long cours.

Art. 10. La compagnie ne paie que l'excédant de trois pour cent pour les avaries sur corps du navire; pour compenser la différence entre le neuf et le vieux, il est fait un tiers de rabais sur les objets qui remplacent ceux brisés ou détériorés par fortune de mer, ainsi que sur tous les effets, fournitures, ouvrages et main-d'œuvre dont le coût est dûment justifié. *Les ancres sont seules exceptées de cette réduction.* Réglement
des avaries
sur corps.

En cas d'avaries particulières sur les navires *faisant les voyages de la pêche, dans quelque lieu que ce soit,* la compagnie est exempte de la perte des câbles, ancres et ustensiles de pêche, pendant le mouillage auxdits lieux. Avaries
sur les
navires
faisant la
pêche.

Art. 11. Dans le cas d'avaries grosses ou communes, la compagnie ne paie que l'excédant de trois pour cent. Réglemens
des avaries
grosses et
particulières.

Les avaries grosses ou communes ne peuvent jamais être cumulées avec les avaries particulières, non plus que celles d'aller et de retour; elles sont réglées séparément, et les retenues sont faites sur chaque espèce d'avaries.

Toutes avaries survenant tant en France que dans l'étranger, sont réglées suivant les *lois françaises et les usages de la place où la présente police a été souscrite,* en quelque lieu que le réglement en ait été fait.

Les frais de quarantaine ne sont point à la charge de la compagnie.

Les franchises stipulées aux articles 9, 10 et 11 sont toujours calculées sur le montant des sommes assurées.

Art. 12. Par dérogation expresse à l'art. 369 du Code de commerce, le délaissement ne peut être fait, savoir : Délaissement
pour cause
d'échou-
ment.

Pour le corps du navire, que dans le cas de naufrage, d'échoûment avec bris qui le rendrait innavigable, ou dans le cas d'innavigabilité par toute autre fortune de mer survenue pendant le voyage assuré par la présente police. La compagnie ne répond pas de l'innavigabilité provenant de vétusté;

Pour le chargement, que dans le seul cas de perte ou détérioration des objets assurés, si la détérioration ou la perte excède les trois quarts de leur valeur. Les frais faits pour opérer le sauvetage et la bonification ne peuvent être ajoutés à la perte ou à la détérioration pour donner droit au délaissement.

L'option accordée par l'art. 409 du Code de commerce à l'assuré en franchise d'avarie, est conséquemment réduite au seul cas qui vient d'être expliqué; et le réglement en avaries auquel cette option peut donner lieu est toujours soumis à une franchise ou retenue de vingt pour cent.

Délaisse-
ment pour
défaut de
nouvelles.

A défaut de nouvelles du navire, le délaissement ne peut être fait que dans les délais fixés par la loi.

Réglement
de la prime.

Art. 13. La prime de la présente assurance est fixée à...... pour cent, et a été payée.

Réglement
des pertes et
des avaries.

Art. 14. Toutes pertes à la charge de la compagnie sont payées comptant, sous escompte de trois pour cent, après la justification et le réglement du sinistre, au porteur de la présente police, muni des pièces justificatives, sans exiger de procuration. Les avaries seront payées comptant, sans escompte après le réglement.

Dans aucun cas la compagnie ne peut être tenue de payer au-delà de la somme assurée.

Renoncia-
tion à la
lieue et demie
par heure.

Art. 15. La présente assurance est faite sur bonnes ou mauvaises nouvelles, les parties renonçant réciproquement à la lieue et demie par heure.

Ainsi fait et convenu pour être exécuté franchement et de bonne foi.

POLICE D'ASSURANCE DES ASSUREURS PARTICULIERS DE LA PLACE DE PARIS.

Les soussignés, chacun en leur nom, et sans aucune espèce de solidarité entre eux, assurent à M...... agissant pour...... compte......aux conditions générales ci-après stipulées :

Durée des
risques sur
corps et car-
gaison.

1° Le risque sur les marchandises commence à l'instant où elles ont été ou seront chargées, et continuera jusqu'à ce qu'elles aient été mises à terre à bon sauvement, là où finira le voyage ; les risques d'alléges sont à la charge des assureurs.

Le risque sur corps court du moment où le navire aura commencé à prendre charge, ou s'il est sur lest, dès l'instant où il aura démarré du port, et se termine vingt-quatre heures après qu'il sera ancré ou amarré au lieu de sa destination.

Risques de
quarantaine.

Les risques de quarantaine ne seront à la charge des assureurs qu'autant qu'il y aura convention expresse.

Détail des
risques ga-
rantis par les
assureurs.

2° Les assureurs prennent à leurs risques toutes pertes ou dommages provenant de tempête, naufrage, échoûment, abordage fortuit, relâches et changemens forcés de route, de voyage ou de vaisseau, jet, feu, pillage,

tous arrêts, capture ou molestation de pirates, de sujets des puissances barbaresques et de sujets de gouvernemens non reconnus par les puissances de
l'Europe; baraterie de patron, et généralement tous accidens et fortune de
mer.

3° Les assureurs sont exempts des risques de guerre, hostilités, représailles et arrêts de princes ou de *gouvernemens quelconques*, reconnus ou non
reconnus, ainsi que de tous événemens résultant d'un commerce clandestin
ou de contrebande, en France ou dans l'étranger.

4° Seront francs d'avaries particulières: les fruits verts et secs, les fromages, les glaces, les laines en suint, les verreries, les liquides en bouteilles,
les porcelaines, les faïences et autres objets fragiles, les plumes et les marchandises sujettes à la rouille, excepté lorsqu'il y aura échoûment, auquel cas
la franchise pour les assureurs sera de vingt pour cent.

Les assureurs sont également exempts des avaries provenant du vice propre de la chose assurée.

5° Dans le cas d'avaries particulières sur les marchandises, ou de coulage
extraordinaire sur les liquides, les assureurs ne paieront que l'excédant de

3 p. % SUR LES OBJETS SUIVANS.	5 p. % SUR LES OBJETS SUIVANS	10 p. % SUR LES OBJETS SUIVANS.		15 p. % SUR LES OBJETS SUIVANS
Beurre.	Alizari.	Amidon.	Sumac.	Cacao en grenier.
Bois de teinture.	Alun.	Cacao en sacs ou	Tabacs en bou-	Farines en sacs.
Café en futailles.	Cacao en futailles.	balles.	cauds.	Légumes secs.
Cannelle.	Café en sacs ou	Café en grenier.	Huiles.	Tabacs en balles.
Cochenille.	balles.	Cuirs secs et peaux.	Vins.	Soude.
Coton.	Garances en futail-	Chanvre et lin.	Eau-de-vie et autres	Potasse.
Clous de girofle.	les.	Farines en barils.	liquides.	
Draperies.	Gingembre en fu-	Grains et graines.		
Indigo.	tailles.	Gingembre en sacs.		20 p. %
Laines lavées.	Gomme en futailles.	Gomme en sacs ou		SUR
Métaux.	Piment en sacs.	grenier.		LES OBJETS SUIVANS.
Piment en barils.	Poivre.	Livres.		
Savon.	Riz.	Papier.		
Thé.	Sucre en futailles ou	Poissons secs et salés.		
Toileries.	caisses.	Poivre en grenier.		Sels.
Marchandises sè-ches.		Sucre en sacs ou balles.		Salpêtre.

Il est convenu qu'en cas d'avaries particulières non désignées au tableau
ci-dessus, les retenues seront exercées comme sur celles avec lesquelles elles
auront le plus de rapport.

Les franchises stipulées au tableau précédent ne seront exercées qu'en cas d'altération de qualité ou quantité; quant aux avaries se composant de frais et dépenses, il ne sera exercé que la retenue de trois pour cent. Cette disposition est applicable aux marchandises franches d'avaries.

6° Les assureurs ne paieront que l'excédant de trois pour cent pour les avaries sur corps du navire; ne seront admis dans les comptes de ces avaries que les objets qui remplaceront ceux brisés ou détériorés par fortune de mer, pendant le cours du voyage assuré, et tous les effets, ouvrages de cette nature, et main-d'œuvre (les ancres exceptées), supporteront un tiers de rabais sur leur coût justifié, pour compenser la différence entre le neuf et le vieux.

En cas d'avaries particulières sur les navires faisant les voyages de la pêche, les assureurs sont exempts de la perte des câbles, ancres et ustensiles pendant le mouillage aux lieux de pêche.

7° Dans le cas d'avaries grosses ou communes, les assureurs ne paieront que l'excédant de trois pour cent.

Les avaries grosses ou communes ne pourront jamais être cumulées avec les avaries particulières, non plus que celles d'aller et de retour; elles seront réglées séparément, et les retenues seront faites sur chaque espèce d'avaries et par chaque voyage.

Toutes avaries sur navires français ou étrangers, soit sur corps, soit sur marchandises, seront réglées suivant les lois et usages de France, en quelque lieu que le réglement soit fait.

Les frais de quarantaine ne sont point à la charge des assureurs.

Les franchises stipulées aux art. 5, 6 et 7, seront toujours prélevées sur le montant des sommes assurées.

8° Le délaissement ne pourra être fait, savoir :

Pour le corps du navire, que dans le cas de naufrage, d'échoûment avec bris qui le rendrait innavigable, ou d'innavigabilité par toute autre fortune de mer ;

Pour le chargement, que dans le cas de perte ou détérioration des objets assurés, si la détérioration ou la perte excède les trois quarts de leur valeur.

A défaut de nouvelles des navires, l'abandon pourra être fait, après deux ans pour les voyages au-delà des caps de Horn et de Bonne-Espérance; après un an pour tous autres voyages de long cours et de grand cabotage, et après six mois pour le petit cabotage, à compter du jour du départ, ou du jour auquel se rapporteront les dernières nouvelles reçues.

9° La prime de la présente assurance est fixée à. . . . . . pour cent et a été payée. *(Prime.)*

10° Toutes pertes à la charge des assureurs seront payées quinze jours après la justification du sinistre, au porteur de la présente police, dûment endossée, sans exiger de procuration, s'il est aussi porteur des pièces justificatives. *(Réglement des pertes et avaries.)*

Les avaries seront payées immédiatement après le réglement agréé.

Dans aucun cas les assureurs ne peuvent être tenus de payer au-delà de la somme assurée.

11° Toutes contestations entre les assureurs et les assurés, pour l'exécution de la présente police, seront jugées par deux arbitres amiablement nommés par chacune des parties, lesquels arbitres, en cas de partage, auront la faculté de choisir un tiers-arbitre. *(Contestations.)*

12° Les assureurs et les assurés s'engagent à se conformer aux lois et réglemens maritimes, en ce qui n'y est pas dérogé par la présente.

La présente assurance est faite sur bonnes ou mauvaises nouvelles, pour être exécutée franchement et de bonne foi, renonçant réciproquement à la lieue et demie par heure. *(Renonciation à la lieue et demie par heure.)*

13° Après la notification d'un abandon ou la présentation d'un réglement d'avaries accompagné des pièces justificatives, les signataires de la présente police, s'il excède le nombre de trois, seront convoqués pour former une commission de trois membres, chargée d'examiner la demande. Si cette commission décide d'y faire droit, sa décision sera obligatoire pour tous les assureurs ; dans le cas contraire, elle en prévient les assurés. Sa décision devra être prise dans les quinze jours de la demande. *(Convention entre les assureurs dans le cas d'abandon ou de réglement d'avaries.)*

Toute notification de sinistre ou demande en réglement d'avarie, sera faite au secrétaire du cercle des assureurs particuliers.

Paris, le

NOTES SUR PARIS.

Cette ville, qui par sa position semblait devoir offrir peu de ressources à des assureurs maritimes, et surtout à des assureurs particuliers ne signant que sur cette seule place, est devenue maintenant l'une des plus importantes de la France, sous le rapport du crédit que les assureurs y ont acquis. *La compagnie générale* offre une signature de 70 à 80,000 fr.; les divers membres composant *la réunion des assureurs particuliers*, parmi lesquels figurent les premiers banquiers de la capitale, peuvent couvrir ensemble une somme d'environ 90,000 fr. Enfin *le Cercle commercial* formé en 1829 par des notabilités dans le commerce, présente une signature d'environ 400,000 fr., en sorte qu'on peut faire couvrir à Paris au moins 200,000 fr. sur un navire.

Les primes au-dessous de 100 fr. sont exigibles comptant, et celles au-dessus se règlent en billets domiciliés dans Paris, et non négociables, dont l'échéance est fixée comme suit :

Pour le grand et le petit cabotage d'Europe, par exemple, de Saint-Pétersbourg à Constantinople. ... à trois mois.

Pour les voyages d'Amérique, du Nord, du Sud et des Antilles......... à six mois.

Pour les voyages dans les Indes................................... à neuf mois.

Les risques de quarantaine ne sont pas à la charge des assureurs, à moins de convention expresse. Les assurés qui voudront faire couvrir ces risques paieront un quart pour cent par quinze jours de quarantaine, lorsque le navire la fera au lieu de destination, soit dans le port, soit dans la rade. La première quinzaine commencera du jour où le navire aura été déclaré en quarantaine, et toute quinzaine commencée sera payée aux assureurs.

Si le navire vient directement au lieu de quarantaine avant de se rendre au port de destination, il sera payé un demi pour cent en sus pour l'escale faite par le navire.

Quand le navire sera renvoyé du port de destination pour faire quarantaine dans un autre lieu, il sera payé un pour cent en sus pour le retour au port de destination.

Les navires envoyés au lieu dit *le Hoc* paieront l'augmentation stipulée dans le dernier cas, sans préjudice de ce qui sera dû pour le temps que durera la quarantaine.

Il ne sera point fait de ristournis sans qu'il soit payé un quart pour cent aux assureurs.

La réunion des assureurs particuliers avait établi un tarif de séries pour les réglemens d'avaries, mais il est inutile de le citer puisqu'on obtient maintenant à Paris des conditions très-avantageuses et beaucoup plus favorables que celles indiquées dans le susdit tarif.

L'on a vu dans les notes qui suivent la police d'assurance de Marseille, comment on considère sur cette place les cas de délaissement, ainsi que le fret et les salaires de l'équipage lorsqu'il y a sinistre ; enfin ces notes indiquent de quelle manière on y règle les avaries communes et celles sur corps des navires ; les assureurs de Marseille étant (à peu près sur tous ces divers points) les seuls en France qui admettent les réglemens tels qu'ils sont indiqués, *page 66 et suivantes*, on fera bien de consulter à cet égard l'ouvrage que M. Dubernad a publié sur les assurances maritimes (*) ; ses raisonnemens, contradictoires avec les usages adoptés à Marseille, seraient trop longs à citer ici, mais ils peuvent servir de base à Paris, au Havre, etc. Quant aux primes de grosse à répéter des assureurs, M. Dubernad n'approuve point le système suivi à Marseille, et trouve absurde de mettre à leur charge lesdites primes de grosse incombantes à des sommes qu'ils ne doivent pas.

CERCLE COMMERCIAL D'ASSURANCES MARITIMES ET DE NAVIGATION INTÉRIEURE.

Les soussignés, chacun en leur nom et sans aucune espèce de solidarité entre eux, assurent à M. . . . . . agissant pour. . . . . . compte. . . . . . aux conditions ci-après stipulées :

1° Le risque sur les marchandises commence à l'instant où elles ont été ou seront chargées, et continuera jusqu'à ce qu'elles aient été mises à terre à son sauvement, là où finira le voyage ; les risques d'alléges, tant à l'embarquement qu'au débarquement, et tout transbordement au Havre ou à Honfleur pour monter à Rouen, sont à la charge des assureurs. *(Durée des risques sur corps et sur cargaison.)*

Le risque sur corps court du moment où le navire aura commencé à prendre charge, ou s'il est sur lest, de l'instant où il aura démarré du port, et se terminera vingt-quatre heures après qu'il sera ancré ou amarré au lieu de sa destination.

Les risques de quarantaine sont à la charge des assureurs, moyennant une augmentation de prime qui, le cas échéant, sera déterminée par experts et suivant son importance. *(Risques de quarantaine.)*

2° Les assureurs prennent à leurs risques toutes pertes ou dommages provenant de tempête, naufrage, échoûment, abordage fortuit, relâches et changements *(Détail des risques garantis par les assureurs.)*

(*) Dubernad, *Traité des principes d'indemnités en matières d'assurances maritimes*, tome 2, 470 et 477, sur le cas de délaissement et sur le fret et les salaires de l'équipage, et pages 0 et 586, relativement aux avaries communes et à celles sur corps des navires.

gemens forcés de route, de voyage ou de vaisseau, jet, feu, pillage, tous arrêts, capture ou molestation de pirates, de *sujets* des puissances barbaresques, et de *sujets* des gouvernemens non reconnus par les puissances de l'Europe, et généralement tous accidens et fortune de mer, y compris la baraterie de patron, hors, à l'égard de l'armateur, le cas d'infidélité du capitaine qu'il a choisi.

3° Les assureurs sont exempts des risques de guerre, capture, hostilités, représailles et arrêts approuvés ou ordonnés par ou contre la puissance sous le pavillon de laquelle sont les objets assurés par la présente, de la part de tous princes ou de *gouvernemens quelconques*, reconnus ou non reconnus, ainsi que de tous événemens résultant d'un commerce clandestin ou de contrebande, en France ou dans l'étranger.

4° Seront francs d'avaries particulières, les fruits verts et secs, les fromages, les glaces, les laines en suint, les verreries, les liquides en bouteilles, les porcelaines, les faïences et autres objets fragiles, les plumes et les marchandises sujettes à la rouille, excepté lorsqu'il y aura échoûment avec bris, auquel cas la franchise pour les assureurs sera de vingt pour cent.

Les assureurs sont également exempts des avaries provenant du vice propre de la chose assurée.

5° Dans le cas d'avaries particulières sur les marchandises, ou de coulage extraordinaire sur les liquides, les assureurs ne paieront que l'excédant de

3 p. °/₀ SUR LES OBJETS SUIVANS.	5 p. °/₀ SUR LES OBJETS SUIVANS.	10 p. °/₀ SUR LES OBJETS SUIVANS.		15 p. °/₀ SUR LES OBJETS SUIVANS.
Beurre.	Alizari.	Amidon.	Sumac.	Cacao en grenier.
Bois de teinture.	Alun.	Cacao en sacs ou balles.	Tabacs en boucauds.	Farines en sacs.
Café en futailles.	Cacao en fût.	Café en grenier.	Huiles.	Légumes secs.
Cannelle.	Café en sacs ou balles.	Cuirs secs et peaux.	Vins.	Tabacs en balles.
Cochenille.	Garances en fût.	Chanvre et lin.	Eau-de-vie et autres liquides.	Grains et graines.
Coton.	Gingembre en fût.	Farines en barils.	Soude.	
Clous de girofle.	Gomme en futailles.	Gingembre en sacs.	Potasse.	20 p. °/₀ SUR LE
Draperies.	Piment en sacs.	Gomme en sacs ou grenier.		Sel de soude.
Indigo.	Poivre.	Livres, papiers.		
Laines lavées.	Riz en fûts.	Riz en sacs.		25 p. °/₀ SUR LES
Métaux.	Sucre en futailles ou caisses.	Poissons secs et salés.		Sels.
Piment en barils.		Poivre en grenier.		Salpêtre.
Savons.		Sucre en sacs ou balles.		
Thé.				
Toileries.				
Marchandises sèches.				

Il est convenu qu'en cas d'avaries particulières sur les marchandises non désignées au tableau ci-dessus, les retenues seront exercées comme sur celles avec lesquelles elles auront le plus de rapport.

Les franchises stipulées au tableau précédent ne seront exercées qu'en cas d'altération de qualité ou quantité ; quant aux avaries se composant de frais et de dépenses, il ne sera exercé que la retenue de trois pour cent : cette disposition est applicable aux marchandises franches d'avarie.

6. Les assureurs ne paieront que l'excédant de trois pour cent pour les avaries sur corps de navire ; ne seront admis, dans le compte de ces avaries, que les objets qni remplaceront ceux brisés ou détériorés par fortune de mer, pendant le cours du voyage assuré, et tous les effets, ouvrages de cette nature (les ancres exceptées), main-d'œuvre et fournitures, telles que brai, goudron, étoupes, etc., supporteront un tiers de rabais sur leur coût justifié, pour compenser la différence entre le neuf et le vieux. *(Réglement des avaries sur corps.)*

En cas d'avaries particulières sur les navires faisant les voyages de la pèche dans quelque lieu que ce soit, les assureurs sont exempts de la perte des câbles, ancres et ustensiles pendant le mouillage aux lieux de pêche.

7° Dans le cas d'avaries grosses ou communes, les assureurs ne paieront que l'excédant de trois pour cent. *(Réglement des avaries grosses ou communes et particulières.)*

Les avaries grosses ou communes ne pourront jamais être cumulées avec les avaries particulières, non plus que celles d'aller et de retour ; elles seront réglées séparément, et les retenues seront faites sur chaque espèce d'avarie et par chaque voyage. Les avaries à la charge du fret seront toujours à la charge des assurés.

Toutes avaries sur navires français ou étrangers, soit sur corps, soit sur marchandises, seront réglées suivant les lois et usages de France, en quelque lieu que le réglement soit fait.

Les frais de quarantaine ne sont point à la charge des assureurs. *(Frais de quarantaine, etc.)*

Les franchises stipulées aux articles 5, 6 et 7 seront toujours prélevées sur le montant des sommes assurées.

8° Le délaissement ne pourra être fait, savoir : *(Délaissement.)*

Pour le corps du navire, que dans le cas de naufrage, d'échoûment avec bris qui le rendrait innavigable, ou d'innavigabilité par toute autre fortune de mer ;

Pour le chargement, que dans le cas de perte ou détérioration des objets assurés, si la *détérioration corporelle* ou la perte excède les trois quarts de leur valeur.

A défaut de nouvelles des navires, l'abandon pourra être fait, après deux ans, pour les voyages au-delà des caps de Horn et de Bonne-Espérance ; après un an, pour tous autres parages de long cours et de grand cabotage, et après six mois pour le petit cabotage, à compter du jour du départ, ou du jour auquel se rapporteront les dernières nouvelles reçues.

Prime.

9° La prime de la présente assurance est fixée à...... pour cent et a été payée.

Paiement des pertes et avaries.

10° Toutes pertes à la charge des assureurs seront payées quinze jours après la justification du sinistre, au porteur de la présente police, dûment endossée, sans exiger de procuration, s'il est aussi porteur des pièces justificatives.

Les avaries seront payées immédiatement après le réglement agréé.

Dans aucun cas, les assureurs ne peuvent être tenus de payer au-delà de la somme assurée.

Contestations.

11° Toutes contestations entre les assureurs et les assurés pour l'exécution de la présente police, seront jugées par deux arbitres amiablement nommés par chacune des parties, lesquels arbitres, en cas de partage, auront la faculté de choisir un tiers-arbitre.

12° Les assureurs et les assurés s'engagent en outre à se conformer aux lois et réglemens maritimes en ce qui n'y est pas dérogé par la présente.

Notifications de sinistre ou d'avarie.

13° Après la notification d'un abandon ou la présentation d'un réglement d'avaries accompagné des pièces justificatives, les signataires de la présente police, s'ils excèdent le nombre de trois, seront convoqués pour former une commission de trois membres, chargée d'examiner la demande. Si cette commission décide d'y faire droit, sa décision sera obligatoire pour tous les assureurs ; dans le cas contraire, elle en prévient les assurés. Sa décision devra être prise dans les quinze jours de la demande.

Toute notification de sinistre, ou demande en réglement d'avarie, sera faite au secrétaire gérant du Cercle commercial d'assurances.

Solvabilité des assureurs.

14° Dans tous les cas où l'un des souscripteurs de la présente police cesserait de faire partie du Cercle, le secrétaire est tenu et autorisé à faire réassurer pour et au nom de l'assureur ou ayant-droit, sous la surveillance des syndics, la portion du présent risque, souscrite par lui, s'il est en cours, à moins que le secrétaire n'ait acquis la certitude que la réassurance en est effectuée.

Sont affectées spécialement au remboursement des pertes ou avaries jusqu'après l'extinction du risque, toutes sommes qui se trouveront au crédit de l'assureur, suivant les dispositions des art. 78 et 79 du réglement, ainsi conçues :

Art. 78. « Lors de la reddition des comptes, en janvier, on commence par mettre en réserve pour le compte de chaque assureur, outre les 3,000 fr. déposés en vertu de l'art. 9, 1° la somme des primes représentant celle des risques en cours; 2° le montant des pertes et avaries non réglées, selon l'estimation qui en est faite; 3° une somme équivalente au plein qu'il prend sur chaque navire, s'il y a des bénéfices en suffisance; ensuite l'assemblée prononce sur le surplus des bénéfices qui doit être payé à chacun. »

Art. 79. « Tout assureur dont le compte présente un déficit, est tenu de le combler dans les cinq jours de la demande qui lui en est faite par le secrétaire, sans avoir égard aux 3,000 fr. versés à titre de dépôt, et qui doivent toujours rester intacts. »

L'assuré déclare, autant que de besoin, qu'il entend profiter des stipulations en l'article réglementaire qui précède, et qu'il traite sous la foi de leur accomplissement.

15° La présente assurance est faite sur bonnes ou mauvaises nouvelles, pour être exécutée franchement et de bonne foi, renonçant réciproquement à la lieue et demie par heure.

Fait, arrêté et convenu entre les parties, par l'entremise de M...... courtier-royal près la Bourse de Paris.

  Paris, le

PHILADELPHIE.

Les assurances à Philadelphie se font exactement aux mêmes conditions qu'à New-Yorck; et les termes, expressions des polices d'assurance de ces deux places, ne diffèrent en rien les unes des autres.

ROTTERDAM.

POLICE SUR CORPS.

Nous, soussignés, assureurs à vous...... ou à qui de droit en entier ou en partie, ami ou ennemi, savoir pour la somme ci-dessous signée depuis ...... et toutes ses circonférences jusqu'à...... sur...... le corps, outils et apparaux du navire avec son armement et les victuailles (que Dieu garde) appartenant audit...... ou à tout autre nommé...... sur lequel est capitaine...... ou quiconque naviguerait comme capitaine ou capitaines en sa place; l'assuré n'étant point tenu de déclarer la désignation ou la capacité du navire; mais s'il constait que le navire fût construit en bois de sapin sans que nous en eussions été prévenus, nous ne serons tenus qu'au remboursement de la moitié de l'avarie.

Ledit navire...... franc de frais de surestaries et d'hivernage, et franc d'avarie grosse au-dessous de trois pour cent.

Durée des risques. — Prenant par ces présentes à notre charge les risques dès l'heure et le jour où ledit navire aura commencé à charger des marchandises, ou bien dès qu'il aura pris son lest pour le voyage assuré, et lesdits risques finiront vingt-un jours après que le navire sera arrivé à sa dernière destination de déchargement, ou dès qu'il sera entièrement déchargé avant l'expiration de ces vingt-un jours.

Détail des risques garantis. — Il est permis audit navire de naviguer en avant, en arrière, de dérouter et toucher forcément ou volontairement dans tous les ports et rades que le capitaine ou les capitaines jugeront à propos pour l'utilité et l'avancement dudit voyage, les risques susmentionnés consistant dans tous les périls de la mer, orage, naufrage, échoûment, abordage, changement forcé de route ou de voyage, couper ou faire jet, le feu, le vent, les prises, pillage, arrêt par ordre de quelque puissance, déclaration de guerre, représailles, négligence des capitaines et de l'équipage, de même que la baraterie dudit équipage et toutes les autres fortunes de mer prévues ou imprévues, ordinaires ou extraordinaires, sans exception aucune.

Les avaries seront remboursées par nous, chacun dans la proportion des sommes signées ci-dessous, et sans rabais, dans les trois mois après qu'elles auront été suffisamment prouvées.

Et dans tous les cas nous vous donnons à vous assurés et à tout autre, plein pouvoir de mettre en œuvre tous les moyens pour la conservation de l'intérêt assuré par ces présentes, que ce soit à notre préjudice ou à notre profit, de le vendre s'il en est besoin, et d'en distribuer le produit sans avoir à demander notre consentement ou autorisation, sauf pourtant de nous prévenir autant que les circonstances le permettront.

Les frais seront considérés et payés par nous comme avarie, soit qu'ils soient faits avec ou sans succès, et nous ajouterons foi aux comptes et aux documens convenablement justifiés, ou au serment de celui qui l'aura prêté.

Il est aussi convenu que nous, soussignés, nous ne pourrons point faire valoir contre l'assuré l'art. 348 du Code de commerce, à moins que les arbitres cités ci-après ne décident que dans quelque cas, sur la bonne foi et d'après l'usage de cette place, il y a lieu à l'invoquer.

Par contre, l'intérêt assuré ne pourra point nous être abandonné, à moins qu'il ne soit indubitablement perdu, ou qu'il n'y ait aucune espérance fondée de recouvrement, dans quels cas cependant le consentement et l'approbation des arbitres seront également nécessaires, avant que cette stipulation puisse être en vigueur.

Nous renonçons de part et d'autre à l'art. 346 du Code de commerce, et nous consentons réciproquement à soumettre toutes les questions et différences qui pourraient s'élever au sujet de cette assurance, à deux arbitres à nommer un par chaque partie, avec le pouvoir à eux de se choisir un tiers-arbitre, et cette nomination aura lieu par nous dans l'intervalle de quatorze jours, après y avoir été sommés; et pour celui qui resterait en défaut, elle sera faite par le tribunal de commerce.

Nous promettons de nous conformer au jugement de ces arbitres, sauf le droit d'appel, à moins que nous ne jugions à propos de confier la décision et le réglement entièrement et définitivement aux arbitres choisis.

La prime pour la présente assurance est de...... le tout sous l'obligation et la soumission de notre personne et de nos biens présens et à venir, renonçant comme gens d'honneur à toute exception, etc., qui pourrait être contraire à la présente, etc.

A Rotterdam, le

POLICE SUR FACULTÉS.

Elle ne diffère de celle sur corps que par les détails qu'elle donne sur la durée des risques qui sont à la charge des assureurs depuis le moment où la marchandise quitte le rivage pour être mise à bord, et jusqu'après sa mise à terre en bon sauvement, au lieu de sa destination, pourvu que le déchargement ait lieu dans les quinze jours après l'arrivée du navire, sauf dans le cas d'obstacles légaux qui s'opposeraient au débarquement, ce qui devrait être prouvé en cas de sinistre ou avarie.

ROUEN.

Nous, soussignés, reconnaissons avoir pris à nos périls, risques et fortunes, les sommes que chacun de nous aura signées pour en supporter, pendant le voyage ci-après spécifié, les pertes et dommages qui pourront arriver pendant le cours d'icelui, suivant les effets qui seront énoncés de vous, M...... demeurant à...... agissant pour...... compte...... la somme de...... sur...... navire...... sous pavillon...... capitaine...... ou tout autre à sa place reçu ou non reçu pour le voyage de...... aux conditions générales ci-après stipulées :

Durée des risques. 1° Le risque sur les marchandises commence du jour ou elles ont été où seront chargées, et continuera jusqu'à ce qu'elles aient été mises à terre à bon sauvement là où finira le voyage : les risques d'alléges sont à la charge des assureurs.

Le risque sur corps court du moment où le navire aura commencé à prendre charge, et se terminera vingt-quatre heures après qu'il sera ancré ou amarré au lieu de sa destination.

Les risques de quarantaine sont à la charge des assureurs, moyennant une augmentation de prime qui sera déterminée, suivant son importance.

2° Les assureurs prennent à leurs risques toutes pertes ou dommages provenant de tempête, naufrage, échoûment, abordage fortuit, relâche et changemens forcés de route, de voyage ou de vaisseau, jet, feu, tous arrêts ou captures légales ou illégales, pillage ou molestation de la part des insurgés espagnols et portugais d'Amérique, connus sous le nom d'indépendans, ou des sujets de tous autres peuples ou puissances non reconnus du gouvernement français, ainsi que de la part de tous pirates ou sujets de puissances barbaresques, soit que ces sinistres aient lieu en vertu de commissions ou lettres de marque, baratterie de patron, et généralement tous accidens et fortunes de mer.

3° Les assureurs sont exempts des risques de guerre, hostilités, représailles, et arrêts de princes, ainsi que de tous événemens résultant d'un commerce clandestin ou de contrebande.

4° Seront francs d'avaries particulières les fruits verts et secs, les fromages, les glaces, les laines en suint, le sel, les verreries, les liquides en bouteilles, les porcelaines, les plumes et les marchandises sujettes à la rouille, à moins d'exception formelle dans la présente.

Les assureurs sont également exempts des avaries provenant du vice propre de la chose assurée.

5° Dans les cas d'avaries particulières, les assureurs ne paieront que l'excédant de

| 3 p. % | 5 p. % | 10 p. % | | 15 p. % |
| SUR | SUR | SUR | | SUR |
LES OBJETS SUIVANS.	LES OBJETS SUIVANS.	LES OBJETS SUIVANS.		LES OBJETS SUIVANS.
Beurre.	Alizaris.	Amidon.	Sucre en sacs ou balles.	Blé.
Bois de teinture.	Alun.	Cacao en sacs ou balles.	Sumac.	Cacao en grenier.
Café en futailles.	Cacao en futailles.	Café en grenier.	Tabacs en boucauts.	Farines en sacs.
Cannelle.	Café en sacs ou balles.	Cuirs secs et peaux.		Graines et grenailles.
Cochenille.	Garances en futailles.	Chanvre et lin.		Légumes secs.
Coton.	Gingembre en futailles.	Farines en barils.		Salpêtre.
Clous de girofle.	Gomme en futailles.	Gomme en sacs ou en grenier.		Tabacs en balles.
Draperies.	Piment en sacs.	Livres.		
Indigo.	Poivre.	Papier.		
Laines lavées.	Riz.	Poissons secs et salés.		
Métaux.	Sucre en caisses ou futailles.	Potasse.		
Piment en barils.		Soude.		
Savon.				
Thé.				
Toileries.				

La quotité d'exemption sur les marchandises non désignées au tableau précédent, est de cinq pour cent, et les assureurs n'en paient que l'excédant.

En cas d'avaries sur les liquides et autres marchandises sujettes au coulage, quelle qu'ait été la cause de ces avaries, les assureurs ne paieront que l'excédant de dix pour cent. Le coulage ordinaire n'est point à leur charge

6° Les assureurs ne paieront que l'excédant de trois pour cent pour les avaries sur corps du navire; ne seront admis dans le compte de ces avaries, que les objets qui remplaceront ceux brisés ou détériorés par fortune de mer pendant le cours du voyage assuré, et le coût justifié de ces objets, y compris la main-d'œuvre et fournitures accessoires, telles que brai, goudron, étoupes, etc., subira un tiers de rabais pour compenser la différence entre le neuf et le vieux (les ancres exceptées).

En cas d'avaries particulières sur les navires faisant la pêche au grand banc, à Miquelon, et à la côte de Terre-Neuve, au Dogger-Banc, sur les côtes d'Islande et autres lieux, les assureurs sont exempts de la perte des câbles, ancres et ustensiles de pêche pendant le mouillage auxdits lieux.

7° Dans le cas d'avaries grosses ou communes, les assureurs ne paieront que l'excédant de trois pour cent.

Les avaries grosses ou communes ne pourront jamais être cumulées avec les avaries particulières, non plus que celles d'aller et de retour; elles seront réglées séparément, et les retenues seront faites sur chaque espèce d'avaries.

Toutes avaries sur navires étrangers, soit sur corps, soit sur marchandises, seront réglées suivant les lois et usages de France, en quelque lieu que le réglement soit fait.

Les avaries particulières occasionées par les frais de relâche, seront assimilées aux avaries grosses, et la retenue ne sera que de trois pour cent.

Les franchises stipulées aux articles 5, 6 et 7 seront toujours prélevées sur le montant des sommes assurées.

8° Le délaissement ne pourra être fait, savoir :

Pour le corps du navire, que dans le cas de naufrage, d'échoûment avec bris, qui le rendrait innavigable, ou d'innavigabilité par toute autre fortune de mer;

Pour le chargement, que dans le cas de perte ou détérioration des objets assurés, si la détérioration ou la perte excède les trois quarts de leur valeur, quand même le navire aurait fait naufrage ou échoué avec bris.

A défaut de nouvelles du navire, le délaissement ne pourra être fait que dans les délais fixés par la loi.

9° La prime de la présente assurance est fixée à...... pour cent et a été payée.   Prime.

10° Toutes pertes à la charge des assureurs seront payées trois mois après la justification du sinistre, au porteur de la présente police, sans exiger de procuration, s'il est aussi porteur des pièces justificatives.   Paicmens des pertes et des ava-ries.

Les avaries seront payées immédiatement après le réglement.

Dans aucun cas les assureurs ne peuvent être tenus de payer au-delà des sommes assurées.

11° Toutes contestations entre les assureurs et les assurés pour l'exécution des conditions de la présente police, seront jugées par deux arbitres amiablement nommés, l'un par les assureurs, l'autre par les assurés; et en cas de partage, ils auront la faculté de choisir un tiers-arbitre.   Contesta-tions.

12° Les assureurs et les assurés, chacun en ce qui les concerne, s'engagent à se conformer aux lois et réglemens maritimes, en ce qui n'y est pas dérogé par la présente.

La présente assurance est faite sur bonnes ou mauvaises nouvelles, pour être exécutée franchement et de bonne foi, renonçant à la lieue et demie par heure.   Renoncia-tion à la lieue et de-mie par heure.

Rouen, le

NOTES.

L'on obtient facilement à Rouen les réglemens d'avaries par séries; et si le navire doit faire échelles dans le cours de son voyage, les assureurs prennent ordinairement ce risque à leur charge, moyennant une augmentation de prime de un quart pour cent pour chaque échelle; mais il faut avoir soin de le faire stipuler dans la police.

Le courtage est à la charge de l'assuré.

On peut faire assurer à Rouen une somme de 40 à 50,000 fr.   Courtage à la charge de l'assuré.

TRIESTE.

POLICE D'ASSURANCE SUR CORPS, AGRÈS ET APPARAUX AU RISQUE ORDINAIRE.

La compagnie assure au risque ordinaire le corps, les agrès, apparaux, etc. du navire qui est ou sera en risque de mer, commandé par le patron ou capitaine, et pour le voyage ou le temps déclarés au bas de la présente, aux pactes, conditions et modes ci-après, et suivant ce qui sera convenu et inséré ci-bas; alors même que ces conditions dérogeraient à la présente.

Risques garantis.

ART. 1er. Les sinistres et accidens de mer, de naufrage, de feu, d'échoùment avec bris, de corsaires, de pirates, de quelque genre que ce soit, et tous accidens fortuits, de quelque nature qu'ils soient, qui arriveront ou seront arrivés, seront à la charge de la compagnie, sauf les exceptions expressément convenues dans les articles suivans.

Risques non garantis.

ART. 2. La compagnie excepte des risques à sa charge, les dommages occasionés au corps du navire, ses agrès et apparaux, dans les cas où, d'après les lois et les usages, les réparations ont lieu à prorata en ligne d'avarie, de même que dans les cas où, par quelque accident que ce soit de la navigation, le patron ou le capitaine dans le cours du voyage assuré, soit obligé de réparer le navire et de le décharger, pour le rendre propre à poursuivre son voyage. La compagnie excepte aussi les dommages qui, de quelque manière que ce soit, sont occasionés aux seuls agrès et apparaux, lorsque le corps du navire est sauvé.

Changement de capitaine ou de nom.

ART. 3. L'assurance restera ferme et valable, et les risques à la charge de la compagnie resteront les mêmes, s'il a été fait erreur dans le nom du patron ou du capitaine qui commande le navire, ou si en cas de mort, ou par toute autre cause légitime, le patron ou le capitaine étaient changés, pourvu que le concours des autres circonstances fassent reconnaître la vérité et l'identité du risque assuré et pris.

Art. 4. L'assurance reste ferme et valable dans toutes les directions que le patron ou le capitaine devra prendre dans le voyage décrit ou dans le terme convenu, suivant les règles de son état, naviguant à droite et à gauche, dessous ou dessus le vent, une ou plusieurs fois, faisant toutes échelles dans les ports, rades, plages et lieux qui se trouveront sur sa route, et même en dehors (lorsqu'il y sera contraint par la nécessité de la navigation ou par mesure de sûreté), allant, stationnant, chargeant, déchargeant, rechargeant et faisant tout ce qu'il jugera convenable, pourvu qu'il ne change pas le voyage, et qu'il ne dépasse pas le terme assuré. *(Changement de capitaine ou de route.)*

L'assurance demeure également ferme et valable, même pour tout le temps que le navire serait employé sous l'obéissance ou au service du souverain ou du peuple.

Art. 5. La prime sera acquise à la compagnie du moment qu'elle aura signé la police d'assurance, et les risques à sa charge commenceront du jour et de l'heure que le susdit navire mettra à la voile pour sa destination, et termineront vingt-quatre heures après que le navire, sain des événemens assurés, aura jeté l'ancre dans le port où finit le voyage assuré; et dans l'assurance à terme ou d'entrée et de sortie, la compagnie courra les risques pendant tout le temps que le navire passera dans les ports qui se trouveront sur sa route. *(Durée des risques.)*

Art. 6. Le risque dans sa réalité et dans sa valeur, devra être prouvé par l'assuré, en fournissant les documens en force desquels il a fait l'assurance; la valeur du corps, des agrès, etc., du navire, sera calculée d'après l'évaluation faite dans le présent accord, vaille ou non vaille, et l'intérêt à découvert sera calculé sur la même base. *(Preuves de la valeur du navire.)*

Art. 7. Dans le cas où l'abandon pourra être fait, et pour tous les événemens à la charge de la compagnie, l'assuré, ses commis ou agens, devront faire notifier à la compagnie les avis reçus, et cette notification devra être faite dans les trois jours de la réception des avis, et avant s'il est possible. *(Notification de sinistres.)*

Art. 8. L'abandon devra être fait à la compagnie dans le délai de six mois, à partir du jour de la susdite notification, en présentant les pièces justificatives du risque, du mandat, du sinistre, ainsi que la déclaration de toutes les assurances que l'assuré aura fait ou fait faire, ainsi que de celles qu'il a commises; l'argent pris à la grosse sur corps, quille, etc., du navire, à défaut de quoi le terme du paiement qui doit commencer à compter du jour de l'abandon du navire, sera ajourné jusqu'à la production desdites preuves *(Notification de l'abandon.)*

et déclarations, sans qu'il puisse en résulter aucune prorogation au terme fixé pour faire l'acte d'abandon, et après lequel il ne sera plus admis.

Obligation de l'assuré dans le cas de sinistre.

Art. 9. Dans le cas de naufrage ou d'échoûment avec bris, l'assuré, ses commis ou agens devront, et sans préjudice de l'abandon, qui devra être fait en temps et lieu, procurer le recouvrement du corps et des agrès, et les dépenses qu'ils auront faites pour cet objet, leur seront remboursées sur leur attestation faite sur la foi du serment, jusques à la concurrence de la valeur des objets sauvés.

Obligation de l'assuré dans le cas d'arrêt de prince.

Art. 10. Dans le cas d'arrêt par quelque puissance ou par leurs corsaires, il en devra être donné connaissance comme il est dit à l'art. 7. L'abandon ne pourra avoir lieu qu'après la première sentence du fisc, ou bien après six mois à dater de la notification de l'événement, en présentant à la compagnie les pièces justificatives et les déclarations suivant l'art. 8, et l'assuré, ses commis ou agens, devront, dans le délai fixé, faire toutes les diligences qui dépendront d'eux, afin d'obtenir la mise en liberté du navire arrêté, et la compagnie pourra séparément ou avec le concours des assurés, agir aux mêmes fins soit dans ce cas, soit dans ceux mentionnés dans l'article précédent.

Défaut de nouvelles.

Art. 11. Après un an écoulé depuis le départ du navire ou depuis les dernières nouvelles reçues, l'assuré déclarant n'avoir reçu aucune autre nouvelle du susdit navire, il pourra faire l'abandon à la compagnie, et demander le paiement du montant de l'assurance, sans qu'il soit besoin de prouver la perte du navire. Ce temps étant écoulé, l'assuré a pour agir le délai fixé par l'article 8; et si le navire arrivait ensuite en bon sauvement au lieu déclaré, l'abandon sera réputé comme n'ayant pas été fait, ledit navire restant la propriété de l'assuré, et dans le cas où le paiement en aurait été fait, l'assuré devra restituer la somme reçue avec l'intérêt de demi pour cent par mois pour tout le temps que ladite somme aura été entre ses mains.

Cas de nullité de la police.

Art. 12. Toute assurance faite après la perte ou l'arrivée des objets assurés est nulle toutes les fois qu'il y a présomption qu'avant la signature du contrat, l'assuré avait pu être informé de la perte, ou que la compagnie avait pu savoir l'arrivée de l'objet assuré.

Présomption de la connaissance du sort du navire.

Art. 13. La présomption existe si en comptant quatre milles et demi communes d'Italie par heure (sans préjudice des autres preuves) on reconnaît que du lieu de l'arrivée ou de la perte du navire, ou du lieu d'où la première nouvelle est parvenue, cette nouvelle a pu arriver avant la signature du présent contrat; toutefois la présomption ne peut être admise, lorsque l'assurance est faite sur bonnes ou mauvaises nouvelles.

Aʀт. 14. Si, d'après le consentement des parties ou d'après des motifs obligatoires, il y a ristourni, la compagnie aura toujours gagné une prime de demi pour cent.

Aʀт. 15. Lorsque le sinistre est reconnu à la charge de la compagnie, la somme assurée sera payée soit à l'assuré, soit à tout autre porteur légitime de la police, de suite et sous l'escompte de six pour cent en une lettre de change à trois mois de date; la prime d'assurance convenue est payée par l'assuré au moment de la signature du contrat.

Aʀт. 16. Dans tous les cas contentieux de sinistre majeur, la compagnie s'oblige à payer à l'assuré la somme assurée avant de plaider, ce paiement ne devant toutefois avoir lieu que lorsque l'assuré aura fourni une caution qui s'oblige à rembourser à la compagnie les deniers reçus, et en outre dix pour cent à titre de condamnation, si la sentence vient à être prononcée en faveur de la compagnie, et de plus l'intérêt, à raison de six pour cent l'an.

Aʀт. 17. Pour tous les cas non prévus dans la présente, et pour toutes les contestations qui pourraient s'élever entre les parties, ces dernières s'en rapporteront aux dispositions de l'ordonnance de la marine de France de 1681, jusqu'à ce qu'il émane de la cour de Vienne une autre ordonnance ou code sur la matière.

Et pour l'observation de tout ce qui est contenu dans la présente, la compagnie oblige aux assurés tout son fonds effectif, se soumettant aux tribunaux compétens.

Trieste, le

POLICE D'ASSURANCE A TOUS RISQUES.

La compagnie assure contre tous risques et périls les marchandises et autres effets qui seront décrits ci-bas, aux pactes, modes et conditions suivantes, et à celles qui pourront être convenues et inscrites ci-contre, lors même qu'elles différeraient de la présente.

Aʀт. 1. Les risques à la charge de la compagnie consistent en toutes pertes et dommages qui arriveront aux objets assurés, par tempête, naufrage, échoûment, abordage fortuit, changement forcé de route, de voyage ou de bâtiment, par jet, feu, prise, pillage, arrêt de prince, déclaration de guerre, représailles, et en général par toutes autres fortunes de mer, ainsi que la baratterie du capitaine ou patron qui commande le bâtiment, qui sont à la charge de la compagnie.

Risques non garantis.

ART. 2. Ne sont point à la charge de la compagnie les dommages qui arrivent aux objets assurés par déchet, coulage, épanchement, estivage et douane, ou tout dommage arrivant auxdits objets par leur vice propre ou par défaut inhérent à la chose, ainsi que le vol commis par le patron, le capitaine et l'équipage.

Erreur de nom du capitaine ou changement de capitaine.

ART. 3. L'assurance reste ferme et valide et aux mêmes conditions, s'il a été fait erreur dans le nom du patron ou du capitaine qui commande le bâtiment, ou si, en cas de mort, ou par d'autres motifs légitimes, le patron ou le capitaine venaient à être changés, pourvu que la vérité et l'identité du risque assuré et pris, résultent de toutes les autres circonstances.

Durée des risques.

ART. 4. La prime sera acquise à la compagnie, du moment de la souscription de la police d'assurance, et le risque commencera du moment que les marchandises ou les autres effets auront été embarqués pour être conduits à bord du bâtiment, et cessera après leur débarquement à terre ; mais dans le cas où l'assuré négligerait de faire débarquer les marchandises, et jugerait à propos de les laisser dans le bâtiment, au lieu de les mettre en magasin, le risque de la compagnie finirait quinze jours après l'arrivée du bâtiment, à moins que des empêchemens et des obstacles légitimes n'eussent été cause de ce que les marchandises n'ont pu être débarquées dans ce laps de temps ; ce qui devra être justifié en cas de malheur ou de perte.

Évaluation des facultés et preuves du charge.

ART. 5. Le risque assuré dans sa réalité et quantité devra être prouvé, à l'aide des polices ordinaires de charge, ou de documens équivalens, et la valeur sera calculée sur les comptes et factures d'achat, plus les frais, ou autres pièces équivalentes, ou d'après l'évaluation faite dans le présent accord, vaille ou non vaille, et l'intérêt à découvert sera calculé sur la même base.

Délaissement.

ART. 6. On entend par sinistre majeur, le dommage ou la perte des objets assurés excédant cinquante pour cent du montant du coût et des frais jusques à bord, ou de l'évaluation convenue, sans y comprendre le montant du nolis. Le sinistre majeur s'étend également au cas où les deux avaries (la générale et la particulière) occasionent une perte qui dépasse cette limite. L'abandon pourra en conséquence avoir lieu.

Aʀᴛ. 7. Dans les sinistres simples, ou soit dans le cas d'avarie, l'abandon ne pourra jamais avoir lieu. *Avarie.*

Aʀᴛ. 8. Dans les cas auxquels l'abandon peut être fait, et pour tous les événemens à la charge de la compagnie, l'assuré, ses commis ou ses agens, devront lui faire notifier les avis reçus. Cette notification devra être faite dans les trois jours de la réception des avis et plus tôt, s'il se peut. *Obligation de l'assuré dans le cas d'abandon.*

Aʀᴛ. 9. L'abandon devra être fait à la compagnie dans le délai de six mois, à compter du jour de la susdite notification, en lui fournissant les pièces justificatives du risque, du mandat et du sinistre, ainsi que la déclaration de toutes les assurances que l'assuré a faites, fait faire, y compris celles qu'il a ordonnées, et de l'argent qu'il a pris à la grosse sur les marchandises. Faute de quoi, le terme du paiement qui doit commencer à compter du jour de l'abandon, sera ajourné jusques à la production desdites preuves et déclarations, sans qu'il puisse en résulter aucun prorogement pour le terme établi pour faire l'abandon, lequel ne sera plus admis après l'expiration dudit terme. *Idem.*

Aʀᴛ. 10. En cas de naufrage ou d'échoûment avec bris, l'assuré, ses commis ou ses agens, devront, le pouvant, sans préjudice de l'abandon qui devra être fait en temps et lieux, procurer le recouvrement des effets, et sur leur attestation faite sous la foi du serment, les dépenses occasionées par ce recouvrement leur seront remboursées jusques à concurrence de la valeur des objets récupérés. *Idem.*

Aʀᴛ. 11. Dans le cas d'arrêt par quelque puissance que ce soit, ou par leurs corsaires, il devra en être donné connaissance, comme il est dit à l'art. 8. L'abandon ne pourra avoir lieu qu'après la première sentence du fisc, ou bien après six mois de la notification pour les marchandises non dépérissables, et trois mois seulement pour les grains, salaisons, fruits et autres marchandises sujettes à se détériorer, en présentant à la compagnie les pièces justificatives et la déclaration voulue par l'art. 9. L'assuré, ses commis ou ses agens devront, dans l'intervalle du délai fixé, faire toutes les diligences possibles et qui dépendront d'eux, pour obtenir la relaxation des marchandises arrêtées. La compagnie pourra de son côté, séparément ou de concert avec l'assuré, agir pour les mêmes fins, tant dans ce cas que dans ceux mentionnés dans les articles précédens. *Arrêt de prince.*

Aʀᴛ. 12. Si après l'expiration d'une année à dater du jour du départ du navire, ou de celui auquel se rapportent les dernières nouvelles reçues, l'as- *Défaut de nouvelles.*

suré déclare n'avoir point reçu de nouvelles du bâtiment, il pourra faire abandon à la compagnie, et demander le paiement de l'assurance sans qu'il soit besoin de la preuve de la perte. Ce temps étant passé, l'assuré a pour agir le délai fixé par l'art. 9. Si le bâtiment arrive ensuite, et qu'il débarque en bon sauvement et dans le lieu de destination les marchandises assurées, l'abandon sera réputé comme n'ayant pas été fait, et les marchandises resteront pour le compte des assurés; et dans le cas où le paiement aurait déjà été fait, l'assuré devra restituer la somme encaissée, avec l'intérêt de demi pour cent par mois, pour tout le temps qu'elle sera restée entre ses mains.

Assurance couverte après l'arrivée ou la perte du navire.

ART. 13. Toute assurance faite après la perte ou l'arrivée des objets assurés, est nulle toutes les fois qu'il y a présomption qu'avant la signature du contrat, l'assuré a pu être informé de la perte ou que la compagnie a eu connaissance de l'arrivée des objets assurés.

Idem.

ART. 14. La présomption existe, si en computant quatre milles et demi communes d'Italie par heure, sans préjudice des autres preuves, on reconnaît que du lieu de l'arrivée ou de la perte du bâtiment, ou soit du lieu d'où la première nouvelle est parvenue, cette nouvelle a pu être apportée avant la signature du présent contrat. Si l'assurance est faite sur bonnes ou mauvaises nouvelles, ladite présomption n'est pas admise.

Ristournis.

ART. 15. Dans le cas où, soit d'après le consentement des parties, soit par des circonstances obligatoires, il se fait un ristourni, la compagnie aura toujours gagné une prime de demi pour cent.

Remboursement des pertes et paiement des primes.

ART. 16. L'événement étant reconnu à la charge de la compagnie, la somme assurée par la présente sera payée tant aux assurés qu'à tout autre porteur légitime de la police, de suite sous l'escompte de trois pour cent avec une lettre de change à trois mois de date. L'assuré paiera la prime au moment de la signature du contrat.

Remboursement des avaries

ART. 17. En cas d'avarie, le paiement de la contribution à la charge de la compagnie, devra être fait aussitôt après la présentation du réglement légal, comptant ou avec une lettre de change sur Vienne ou Augsbourg, en ayant égard à l'agio courant sur cette place au jour du paiement dû.

Paiement sous caution dans les cas contentieux.

ART. 18. Dans tout cas contentieux de sinistre majeur, la compagnie s'oblige à payer d'abord à l'assuré la somme assurée, avant de plaider, après cependant que l'assuré aura fourni une caution qui l'oblige à rembourser à ladite compagnie la somme reçue, et de plus dix pour cent à titre de condamnation, dans le cas où la sentence serait prononcée en faveur de la compagnie, outre l'intérêt de demi pour cent par mois.

Art. 19. Pour tout ce qui n'aura pas été prévu dans la présente, et pour toutes les difficultés qui pourront s'élever entre les parties contractantes, celles-ci s'en rapporteront aux dispositions de l'ordonnance de la marine de France de 1681, jusqu'à ce qu'il émane de la cour de Vienne une autre ordonnance ou un autre code sur la matière. *Réglemens d'après l'or-donnance de la marine de France de 1681.*

Et pour l'observation de tout ce qui est contenu dans la présente, la compagnie oblige tout son fonds effectif de 200,000 florins courans d'Augsbourg, en se soumettant aux tribunaux compétens.

Trieste, le

NOTES.

L'on peut faire couvrir à Trieste une somme de 80 à 100,000 florins courans sur chaque navire.

Les frais de polices d'assurances à la charge de l'assuré, sont de un pour mille sur la somme assurée.

Le nolis et l'argent à la grosse peuvent être assurés légalement en faisant déclarer par les assureurs qu'ils renoncent au dispositif des ordonnances de France à cet égard.

RÉGLEMENT DES AVARIES.

Le réglement ci-après fut adopté le 1er mars 1823 par toutes les compagnies d'assurances maritimes établies à Trieste, et depuis le 1er avril de la même année, c'est le seul qui serve de règle et gouverne sur la susdite place.

PREMIÈRE SÉRIE.

———

Les assureurs jouissent sur les objets ci-après d'une franchise d'avarie de 3 p. °/₀ sur l'avarie générale, et de 3 p. °/₀ sur l'avarie particulière ; lesdites avaries devront être payées séparément, sous la déduction de ces franchises.

Ambre.
Antimoine.
Bois de teinture et autres.
Câbles et cordes.
Cire brute et ouvrée.
Cotons en laine et filés.
Coton, laine, lin et soie manufacturés.
Dents d'éléphant et ivoire.
Etains.
Fers en masse et en barres.
Fil.
Galons, fils d'or et d'argent.
Joyaux et perles.
Laine lavée.
Marbre brut.
Or, argent et monnaie.
Os de baleines.
Plomb.
Poix.
Zinc ou gélamine.

DEUXIÈME SÉRIE.

Les assureurs ne garantissent pas le bris et le dommage sur les objets ci-après, sauf dans le cas d'avarie générale, dont ils ne remboursent que l'excédant de 3 p. %.

Ambre ouvré.	Machines de toutes espèces.
Bois ouvré.	
Boîtes de toutes espèces.	Marbre ouvré.
	Nacre de perle.
Bougies et chandelles.	Porcelaine.
Carreaux.	Quincaillerie.
Horloges.	Ferraille.
Instrumens de musique.	Verres enfilés.
	Verres de toutes sortes.
Lunettes, miroirs, lustres.	

TROISIÈME SÉRIE.

Les assureurs ne garantissent pas la rouille et la mouillure, sauf dans le cas d'avarie générale, dont ils ne remboursent que l'excédant de 3 p. %.

Acier brut et manufacturé.	Cordes de musique.
	Galons faux.
Armes de toutes espèces.	Livres et gravures.
	Orpin et tout métal battu.
Clous et fer manufacturé.	Tableaux.

QUATRIÈME SÉRIE.

Les assureurs paient les avaries générales sous la déduction d'une franchise de 3 p. %, et les avaries particulières sous déduction de 5 p. % de franchise, lesdites avaries devant être payées séparément.

Bandes étamées.	Soie grége.
Café en futailles.	Soufre en caisses ou barils.
Cinabre.	
Colofane.	Tamarin.
Manne.	Thé.
Noix muscades.	Vanille et autres drogueries en caisses ou futailles.
Opium.	
Riz en futailles.	

CINQUIÈME SÉRIE.

Les assureurs jouissent sur les articles ci-après d'une franchise de 3 p. % sur l'avarie générale, et de 10 p. % sur les avaries particulières, lesdites avaries devant être payées séparément, et sous la déduction de ces franchises.

Alizaris.	Galles { de toutes sortes.
Alun de roche en futailles.	Gommes }
	Jus d'herbes.
Amandes.	Laine en suint.
Amidon.	Laque.
Anis.	Lin.
Arsenic.	Médicinaux de toutes sortes.
Cacao en sacs.	
Café dº.	Orpiment.
Chanvre.	Peaux sèches de toutes sortes, brutes, préparées ou salées.
Chocolat.	
Cochenille.	
Colle.	Pelleteries préparées ou non.
Couleurs de toutes sortes.	
	Poils de chameaux.
Crème de tartre.	Pelotes.
Drogueries en sacs ou en balles.	Potasses.
	Riz en sacs.
Etoupe.	Savon.
Fil d'angora.	Sel natron.
Fruits de toutes sortes, en barils, caisses, boîtes ou sacs.	Sel ammoniac.
	Séné.
	Suc de réglisse.
	Sucre en sacs.
Grains, blé, graines et légumes en sacs et en futailles.	Tabacs en feuilles et en poudre.
	Vitriol.

SIXIÈME SÉRIE.

Sur les objets ci-après, les assureurs ne paient que l'excédant de 5 p. % sur les avaries générales, et ne remboursent pas les avaries particulières (*Voy.* la note ci-contre nº 1). Les assureurs ne répondent pas du coulage et de l'épanchement, ni de la rupture naturelle des barils ou futailles, et si les objets désignés ci-après sont dans des vases ou cruches de terre, ou de verre, les assureurs sont francs de bris par quelque accident que ce soit.

Argent vif.	Eau minérale.
Beurre.	Goudron.
Eau-de-vie.	Huile quelconque.

Mélasse.
Miel et sirops.
Spiritueux et essen-
ces.
Suc de limon.
Térébenthine.
Vins, liqueurs et au-
tres liquides.

Les articles ci-après jouissent des mêmes franchises.

Caviar.
Chiffons.
Eponges.
Panaches.
Peaux fraîches.
Safran.
Terre d'Orient.

SEPTIÈME SÉRIE.

Sur les objets ci-après, les assureurs remboursent

l'excédant de 10 p. °/₀ pour les avaries générales et de 25 p. °/₀ pour les avaries particulières.

Blé, grains, graines, semences, légumes, riz et autres comes- tibles quelconques en grenier. — Biscuit. Pâtes travaillées. Patates. Raisins secs. Soufre.

HUITIÈME SÉRIE.

Les assureurs ne remboursent pas les avaries particulières sur les objets ci-après (*Voy*. la note ci-bas, n° 1), et sur les avaries générales ils ne paient que l'excédant de 10 p. °/₀ d'avarie.

Alun à refus.
Fromage.
Fruits frais.
Fruits secs à refus.
Harengs et poissons secs, fumés ou salés.
Pommettes en sacs et à refus.
Pozzelane.
Salaisons.
Sels de toutes sortes.
Soudes.

Nota n° 1. Cette expression, *franc d'avaries particulières*, s'entend jusqu'à la concurrence de la moitié de la valeur des marchandises ou objets assurés : cette limite étant dépassée, l'avarie rentre alors dans la classe des sinistres majeurs.

Les assureurs sont francs de toute avarie soit générale, soit particulière, sur les prêts à la grosse sur marchandises, sur le nolis, enfin sur les pacotilles des capitaines, des marins et des passagers.

Le corps des navires et les prêts à la grosse sur corps s'assurent au risque ordinaire. (Voy. la police.)

Quarantaine. S'il arrive qu'un bâtiment provienne des lieux attaqués de contagion ou de peste, soit envoyé à Venise par l'administration sanitaire pour y purger sa contumace, les assureurs seront exempts de toutes dépenses, droits, nolis, provisions, et de tout autre surcroît de dépenses occasionées par la susdite circonstance; mais ils continueront à courir le risque sur les objets assurés jusqu'à ce qu'ils aient été débarqués dans ce lazaret, soit qu'ils aient été chargés sur le même navire ou sur d'autres, pour les conduire à terre en sûreté.

TABLEAUX COMPARATIFS.

ÉVÉNEMENS qui donnent lieu au délaissement sur les diverses places.

N. B. Le risque de guerre fait l'objet d'un tableau séparé, *page* 119.

Le Code de commerce indique, *art.* 369, que le délaissement des objets assurés peut être fait en cas de prise, de naufrage, d'échoûment avec bris, d'innavigabilité par fortune de mer, en cas d'arrêt d'une puissance étrangère, en cas de perte ou détérioration des effets assurés, si la détérioration ou la perte va au moins à trois quarts, enfin en cas d'arrêt de la part du gouvernement après le voyage commencé ; et dans l'*art.* 375, le même Code donne la faculté à l'assuré de faire le délaissement, si après un an expiré à compter du jour du départ du navire ou du jour auquel se rapportent les dernières nouvelles reçues, pour les voyages ordinaires et après deux ans pour les voyages de long cours, ledit assuré déclare n'avoir reçu aucune nouvelle de son navire, et sans qu'il soit besoin d'attestation de la perte.

M. Dubernad, dans son *Traité des principes d'indemnités en matières d'assurances maritimes*, tome 2, pag. 429 et suiv., examine à fond les cas de délaissement d'après la jurisprudence française.

ALEXANDRIE D'ÉGYPTE. . .	La compagnie d'assurances accepte l'abandon lorsque le dommage souffert s'élève à 50 p. % de la valeur de la somme assurée ; elle l'accepte aussi dans le cas de défaut de nouvelles (*Voy.* page 3). Mais il faut remarquer qu'elle paie alors sans caution, et que si le navire parvient à sa destination, la somme payée doit être remboursée avec intérêts à raison de 12 p. % l'an ; enfin ces paiemens de pertes sont effectués par la compagnie dans *trois mois* à courir du jour de la notification en règle de la perte justifiée.
AMSTERDAM. . . .	Les assureurs acceptent le délaissement suivant les cas prévus par le Code de commerce, et paient les pertes *trois mois* après l'exhibition des preuves nécessaires ; à l'égard des articles qui sont assurés francs d'avaries dans le cas de bonne arrivée du navire, Voy. *le détail de ces articles francs d'avaries*, pag. 8 et suiv. Les assureurs jouissent encore d'une franchise de 50 p. %, lorsque les dommages soufferts proviennent de naufrage ou échoûment avec bris.
ANVERS.	Les imprimés des polices d'assurances maritimes indiquent positivement (*art.* 4) qu'à l'égard des *marchandises* on ne peut faire l'abandon aux assureurs dans les cas de naufrage, échoûment avec bris *ou innavigabilité par fortune de mer*, que tout autant qu'il y a perte ou détérioration des trois quarts de la valeur des objets assurés, et les articles dont les assureurs ne garantissent pas l'avarie (Voy. *ceux qui se rapportent à l'art.* 10 *de la police d'assurance, dans les tableaux*, pag. 18 et suiv.) sont admis en réglement d'avarie, lorsque, par suite de naufrage, etc., le dommage souffert s'élève à 50 p. % de leur valeur. Les pertes sont remboursées aussitôt après justification, et pour le défaut de nouvelles, Voy. *le détail*, pag. 14 et 15.

BALTIMORE. BOSTON. LONDRES. NEW-YORCK. NOUVELLE-ORLÉANS. PHILADELPHIE.	L'objet assuré n'est admis qu'en réglement d'avarie s'il n'est pas entièrement détruit ou perdu, et ces diverses places n'ayant point de bases fixes pour le remboursement des pertes dans le cas de défaut de nouvelles des navires, les assurés se trouvent alors à la discrétion des assureurs.
BORDEAUX. HAVRE.	Les polices d'assurances expliquent d'une manière précise que l'abandon sur les marchandises ne peut avoir lieu que lorsqu'elles sont détériorées au moins des trois quarts de leur valeur, et le remboursement a lieu trois mois après justification.
CADIX.	L'ordonnance de Bilbao, *chap.* XXII, *art.* 31, autorise le délaissement dans les cas de capture, naufrage, échoûment, détention et perte totale.
GÊNES. LIVOURNE. NAPLES.	L'imprimé des polices d'assurances indique simplement que le contrat est fait à teneur du Code de commerce, et l'usage généralement adopté est le même qu'à Bordeaux, au Havre, etc.
HAMBOURG. LUBECK.	L'abandon ne peut avoir lieu que lorsque le navire ou les objets assurés ont été condamnés ou sont entièrement perdus. (Voy. *pour de défaut de nouvelles*, page 43.)
LISBONNE.	Les assureurs n'admettent jamais le délaissement.
MARSEILLE.	Suivant le Code de commerce (Voy. *la police d'assurance*, pag. 66 et 67), les pertes sont payées un mois après justification.
NANTES (ancienne police.)	Les assureurs acceptent l'abandon d'après les dispositions du Code de commerce, et par conséquent lorsqu'il y a échoûment avec bris; pour le défaut de nouvelles, *Voy.* p. 73.
NANTES (nouvelle police.)	Il faut non-seulement l'échoûment avec bris, mais encore la perte ou détérioration des trois quarts de la valeur des objets assurés, et pour le défaut de nouvelles, *Voy.* p. 79.
PARIS. ROUEN.	*La Compagnie générale et tous les assureurs particuliers* paient comptant après justification les sinistres sur corps des navires, dans les cas de naufrage, échoûment avec bris ou toute autre fortune de mer, qui ne permettent plus au navire de tenir la mer; mais on ne répond pas de l'innavigabilité provenant de vétusté, et pour le *chargement* l'abandon n'est admis que dans le cas de perte ou détérioration des trois quarts de la valeur de l'objet assuré; enfin, pour le défaut de nouvelles, Voy. *les polices.*
TRIESTE.	Les assureurs admettent l'abandon lorsque les objets assurés ont éprouvé une perte ou une détérioration de 50 p. % sur leur valeur.

RISQUES de tempête, naufrage, échoûment, abordage fortuit, jet, feu, pillage, changement forcé de route, de voyage ou de navire, capture, arrestation ou molestations par des pirates ou écumeurs de mer.

Toutes les polices d'assurances maritimes garantissent ces risques aux assurés.

RISQUES DE QUARANTAINE.

Les places de commerce désignées ci-après sont les seules dont l'imprimé des polices d'assurances indique des conditions particulières pour ce risque.

Havre.	Dans le cas où les navires destinés pour le Havre seraient tenus d'aller au lieu dit Le Hoc, pour y faire quarantaine, les assureurs garantissent le risque d'aller, séjour et retour, moyennant un et demi pour cent de prime d'augmentation, et s'ils font leur quarantaine dans un des ports de la Manche, sur la rade du Havre, ou en pleine mer, ils garantissent les risques moyennant une augmentation de prime de un pour cent.
Nantes. . . . (Nouvelle police.)	Si pour faire quarantaine le navire relève pour un autre lieu que celui de sa destination, ou s'il la fait au Hoc ou sur la rade du Havre, il sera acquis aux assureurs une augmentation de prime réglée par arbitres.
Paris. . . .	*La Compagnie générale et le Cercle des assureurs particuliers* ne garantissent ce risque qu'autant qu'il y a convention expresse. *Le Cercle commercial d'assurances* le garantit avec augmentation de prime à déterminer par des experts.
Rouen. . . .	Les assureurs le prennent à leur charge moyennant une augmentation de prime à régler par des experts.

RISQUES D'ARRÊT par ordre de puissance, connu sous le nom d'arrêt de prince, et risques de guerre, hostilités, représailles, etc.

Ces risques sont compris de la manière suivante dans les *imprimés* des polices d'assurances contenues dans ce recueil.

AMSTERDAM. . . . ANVERS. . . . . BALTIMORE. . . . BOSTON. . . . . CADIX. . . . . HAMBOURG. . . . NOUVELLE-ORLÉANS. LISBONNE. . . . LUBECK. . . . NEW-YORCK. . . PHILADELPHIE. . .	Ces diverses places garantissent les risques d'arrêt de prince et ceux de guerre, etc., sans que l'imprimé des polices d'assurances fasse mention d'aucune restriction à cet égard.
ALEXANDRIE D'ÉGYPTE. . . . GÊNES. . . . . LIVOURNE. . . . MARSEILLE. . . . NAPLES.	Ces diverses places garantissent ces risques à teneur du Code de commerce, c'est-à-dire avec augmentation de prime à régler par arbitres dans le cas de déclaration de guerre, hostilités.

BORDEAUX. . . .
NANTES. . . . .
  (Ancienne
  et nouvelle police.)
	L'imprimé des polices indique que dans le cas de guerre, hostilités de la part de quelque puissance maritime, reconnue par le droit public de l'Europe contre le pavillon assuré (*les puissances barbaresques d'Afrique n'étant pas comprises dans les puissances dont il s'agit*), la prime sera augmentée par des arbitres nommés à cet effet.

LONDRES. . . .	Quoique l'imprimé des polices d'assurances indique garantir les risques ci-dessus sans restriction, les assureurs ne répondent pas (*sauf conditions particulières*) du risque de capture par navires anglais.
HAVRE. . . . . PARIS. . . . . ROUEN.	Garantissent tous risques de pillage, capture légale ou illégale par des sujets de tous peuples ou puissances non reconnus du gouvernement français, lors même que ces sinistres auraient lieu en vertu de commissions ou lettres de marque; les pillages, arrêts ou captures par les sujets des puissances barbaresques, sont aussi garantis, *hors le cas de guerre*, qui n'est pas à la charge des assureurs, de même que dans le cas de prise ou d'arrêt par ordre de puissances étrangères et de déclarations *de guerre ordonnées par ou contre la puissance sous le pavillon de laquelle l'assurance est faite.*

Trieste. . . . {
Dans le cas d'arrêt par quelque puissance que ce soit, ou par leurs corsaires, il devra en être donné connaissance aux assureurs dans les trois jours de la réception de l'avis, et l'abandon ne pourra avoir lieu qu'après la première sentence du fisc, ou bien après six mois de la notification pour les marchandises non dépérissables, et trois mois seulement pour les grains, salaisons, fruits et autres marchandises sujettes à se détériorer, en présentant à la compagnie les pièces justificatives, etc.

BARATTERIE DE PATRON.

Places de commerce dont l'imprimé des polices d'assurances fait mention de ce risque comme étant à la charge des assureurs.

---

[1] AMSTERDAM.
ANVERS.
BALTIMORE.
BORDEAUX.
[2] BOSTON.
HAMBOURG.
HAVRE.

LONDRES.
LUBECK.
[3] MARSEILLE.
NANTES. (Ancienne et nouvelle police.)
NEW-YORCK.

NOUVELLE-ORLÉANS.
[4] PARIS.
PHILADELPHIE.
ROTTERDAM.
ROUEN.
TRIESTE.

[1] Les polices d'Amsterdam expliquent que la baratterie n'est garantie qu'autant qu'elle a lieu sans la coopération ou la connaissance de l'assuré.

[2] Les polices de Boston portent la condition que l'assuré ne sera pas lui-même à bord du navire.

[3] Les polices de Marseille garantissent ce risque seulement lorsque l'assurance porte sur un navire avec expéditions et pavillon français.

[4] Les polices de Paris portent la restriction ci-après pour le risque de baratterie qu'elles garantissent, excepté à l'égard de l'armateur, le cas d'infidélité du capitaine qu'il a choisi.

DURÉE DES RISQUES SUR CORPS, QUILLE, etc., d'après l'imprimé des polices d'assurances en usage sur les places de commerce ci-après désignées.

ALEXANDRIE D'E-GYPTE. . . .	Le risque commence de. . . . . . (*à déterminer entre l'assuré et l'assureur*) et finit vingt-quatre heures après que le navire est resté ancré à bon sauvement dans le lieu de sa destination, ou à la fin du temps convenu.
ANVERS. . . . . ROTTERDAM. . .	Du moment où le navire commence à charger, ou dès qu'il a tout le lest nécessaire, et le risque finit vingt et un jours après l'arrivée du navire à sa destination, à moins que le déchargement ne soit effectué plus tôt.
BALTIMORE. . . . BOSTON.	De même que la police d'Alexandrie d'Egypte. (*Voy.* plus haut.)
BORDEAUX. . . .	Du moment où le navire commence à charger jusqu'au trentième jour écoulé après celui où il aura été amarré ou aura jeté l'ancre au lieu du reste, et tout autant qu'avant son entier débarquement il ne reçoive pas à bord des marchandises pour le retour, le risque cesserait aussitôt d'être à la charge des assureurs.
CADIX.	Du moment où le navire met à la voile jusqu'après. . . . . . heures depuis son arrivée au lieu du reste. (*La fin du risque est à déterminer dans les polices.*)
GÊNES. . . . . LIVOURNE. . . . NAPLES.	Du jour ou le navire a fait voile jusqu'au jour où il est ancré ou amarré au lieu de sa destination.
HAMBOURG. . . . LUBECK.	Depuis le moment où le navire commence à charger sa cargaison ou son lest, jusqu'à son arrivée au lieu du reste.
HAVRE. . . .	Du moment où le navire commence à charger, ou à défaut de chargement, depuis le moment où il fait voile, et vingt-quatre heures après l'arrivée du navire au lieu de sa destination, après y avoir été amarré ou ancré à bon sauvement.
LONDRES. . . .	Le commencement du risque est à déterminer dans les polices anglaises, et il finit vingt-quatre heures après que le navire a été ancré et amarré en sûreté au lieu de sa destination.
NANTES. . . . . (Nouvelle police.)	Le commencement du risque est à déterminer dans les polices, et les conditions pour la fin du risque sont les mêmes que celles en usage à Bordeaux. (*Voy.* l'article cité.)
NANTES. . . . . (Ancienne police.)	Le commencement du risque est à déterminer dans les polices, et il finit après l'entier déchargement.

PARIS. . . . . ROUEN.	Du moment où le navire commence à prendre charge, ou, s'il est sur lest, du moment où il aura démarré du port, et pendant vingt-quatre heures après qu'il sera ancré ou amarré au lieu de sa destination.
LISBONNE. . . .	Du moment où le navire a levé la première ancre, jusqu'à ce qu'il soit resté à l'ancre pendant vingt-quatre heures dans son lieu de destination.
TRIESTE.	Le risque commence du moment où le navire met à la voile, et finit vingt-quatre heures après être resté à l'ancre en sûreté dans son lieu de destination.

DURÉE DES RISQUES SUR MARCHANDISES.

D'après l'imprimé des polices d'assurances en usage sur les places de commerce désignées ci-après, voici quelle est la durée des risques sur marchandises garantis par les assureurs.

ANVERS. . . . . BORDEAUX. . . . CADIX. . . . . GÊNES. . . . . HAMBOURG. . . . HAVRE. . . . . LISBONNE. . . . LIVOURNE. . . . LUBECK. . . . . MARSEILLE. . . . NANTES. . . . . (Ancienne et nouvelle police.) NAPLES. . . . . PARIS. . . . . ROUEN.	Les assureurs de ces diverses places garantissent les risques sur marchandises, depuis le moment où elles quittent le rivage ou le quai pour être mises à bord du navire sur lequel porte l'assurance, et jusqu'à leur mise à terre en sûreté au lieu de destination.
ALEXANDRIE D'E-GYPTE.	La police d'assurance porte que le risque commence de...... (*à convenir entre l'assuré et l'assureur*) et finit après l'entier déchargement des marchandises au lieu de destination, excepté dans le cas où par convenance ou par négligence on retarderait de les faire débarquer, alors le risque finira quinze jours après l'arrivée du navire.
AMSTERDAM. . . TRIESTE. . . . . ROTTERDAM. . .	Les assureurs garantissent les risques depuis le moment où la marchandise quitte le rivage pour être mise à bord et jusqu'à sa mise à terre au lieu de destination, pourvu (et sauf le cas de force majeure) que le débarquement ait lieu quinze jours après l'arrivée du navire.

BALTIMORE. . .	Les risques sont garantis depuis la mise à bord des marchandises jusqu'à l'arrivée du navire au lieu de destination.
BOSTON. . . .	Risques garantis depuis le lieu du départ du navire jusqu'après la mise en sûreté des marchandises au lieu de destination.
LONDRES. . . NEW-YORCK. . . PHILADELPHIE. . NOUVELLE-ORLÉANS.	Les risques sont garantis depuis le moment de la mise à bord jusqu'à ce que les marchandises aient été transportées à terre en sûreté au lieu de destination.

FRANCHISES D'AVARIES.

Places de commerce où les assureurs remboursent intégralement les avaries, c'est-à-dire sans aucune déduction de franchise, lorsque l'avarie atteint le maximum de la quotité de la franchise convenue ou en usage.

Exemple. 20 sacs café assurés à Hambourg éprouvent une avarie qui s'élève à 9 p. %. La franchise d'avarie en usage sur cette place pour les cafés en sacs étant de 10 p. %, en faveur de l'assureur, cette avarie ne le touche point, mais l'avarie s'élevant à 10 p. % ou au-dessus, il rembourse la totalité comme s'il ne jouissait d'aucune franchise d'avarie, et c'est ainsi qu'on procède aux réglemens des avaries dans les villes ci-après :

ANVERS.	HAMBOURG.	NEW-YORCK.
BALTIMORE.	LONDRES.	NOUVELLE-ORLÉANS.
BOSTON.	LUBECK.	PHILADELPHIE.

Sur toutes les autres places citées dans ce recueil, les assureurs jouissent toujours des franchises d'avaries.

COURTAGE ET FRAIS de polices d'assurances à la charge des assurés.

Les frais à la charge des assurés sur les places de commerce désignées ci-après méritent d'être pris en considération.

ALEXANDRIE D'ÉGYPTE.	Les assurés paient un pour mille sur le capital assuré ; c'est ce qu'on appelle le droit de registre.
ANVERS. . . .	L'assuré et l'assureur paient chacun un huitième p. % sur la somme assurée, pour courtage.
GÊNES. . . .	Les assurés paient un pour mille sur la somme assurée pour droit de registre.

HAMBOURG. . . .	L'assuré paie un droit de timbre de un schelling courant par cent marcs banco, soit environ demi pour mille sur la somme assurée, et ce droit est réduit à la moitié lorsque la prime est au-dessous de un pour cent, ou lorsque la somme assurée est au-dessous de 20,000 marcs. L'assuré paie aussi un huitième pour cent sur la somme assurée, pour courtage.
HAVRE.	Le courtage est payé par les assurés à raison de un pour mille sur la somme assurée.
LONDRES. . . .	Les assurés paient pour timbre royal des polices 2 sch. 6ᵈ. p. %, soit un huitième p. % sur la somme assurée, lorsque la prime est au-dessous de 1 p. %, et ce timbre est double, soit de un quart p. %, lorsqu'il s'agit d'une prime au-dessus de 1 p. %.
LIVOURNE. . . .	Le droit de registre à la charge de l'assuré est de demi pour mille sur la somme assurée.
ROTTERDAM. .	Dans le cas d'avarie, l'assuré paie pour courtage du réglement un quart pour cent sur la somme assurée, si cette avarie est au-dessous de 50 p. %, et demi p. % si elle s'élève au-dessus de 50 p. %.
TRIESTE. . . .	Le droit de registre à la charge de l'assuré est de un pour mille sur la somme assurée.

ERRATA.

Page 56, dernier paragraphe: *Anciennement on a fait couvrir jusqu'à* 60,000,000 *de réaux, etc.;* *lisez :* Anciennement on a fait couvrir jusqu'à 60,000,000 de rées sur un navire, aujourd'hui les assureurs auraient de la peine à couvrir entre eux trois à quatre millions de rées.

FIN.